宫崎滔天家藏民国人物书札手迹（第一卷）

中国宋庆龄基金会研究中心 编

国家出版基金项目

华文出版社
中国出版集团公司

图书在版编目（CIP）数据

宫崎滔天家藏民国人物书札手迹.第一卷/中国宋庆龄基金会研究中心编.-- 北京：华文出版社，2021.1
ISBN 978-7-5075-5375-8

Ⅰ.①宫… Ⅱ.①中… Ⅲ.①历史人物—手稿—收藏—中国—民国 Ⅳ.① G262.1

中国版本图书馆 CIP 数据核字（2020）第 231920 号

宫崎滔天家藏民国人物书札手迹（全八卷）

编　　者：	中国宋庆龄基金会研究中心
责任编辑：	潘　婕
出版发行：	华文出版社
社　　址：	北京市西城区广外大街 305 号 8 区 2 号楼
邮政编码：	100055
网　　址：	http://www.hwcbs.com.cn
电　　话：	总编室 010-58336239　发行部 010-58336238　责任编辑 010-63429159
经　　销：	新华书店
印　　刷：	北京画中画印刷有限公司
开　　本：	889mm×1194mm　1/12
印　　张：	166.33
字　　数：	1436 千字
版　　次：	2021 年 1 月第 1 版
印　　次：	2021 年 1 月第 1 次印刷
标准书号：	ISBN 978-7-5075-5375-8
定　　价：	1999 元

版权所有，侵权必究

《宫崎滔天家藏民国人物书札手迹》(全八卷)编辑委员会

特别顾问：王家瑞　宫崎蓐苓（日）
顾　　问：章开沅　杨天石　宫崎黄石（日）　久保田文次（日）
主　　任：杭元祥
副 主 任：井顿泉　于　群
委　　员：唐九红　艾　多　陈爱民　宋　健　孙晓燕　李长莉　赵立彬

本卷执行编委

主　　编：艾　多
编　　辑：李　朋　赵　波

《宫崎滔天家藏民国人物书札手迹》（第一卷第 1 版）编辑委员会

特别顾问：胡启立　宫崎蕗苳（日）
顾　　问：唐闻生　章开沅　宫崎黄石（日）　久保田文次（日）
主　　任：齐鸣秋
副 主 任：井顿泉
委　　员：（以姓氏笔画为序）
　　　　　艾　多　衣学磊　孙晓燕　李　庆　杨天石
　　　　　何大章　宋志军　陈红军　陈爱民　唐九红

本卷执行编委

主　　编：艾　多　何大章
编　　辑：李　朋　赵　波

出版说明

宫崎滔天是日本熊本县人，早年受资产阶级民主思想的影响，追随孙中山支持中国民主革命。宫崎家藏大量中国近现代珍贵历史资料，一直未能公之于世，因而备受各界关注。

20世纪70年代末80年代初，中日史学界研究辛亥革命的学者，开展国际交流研讨的活动渐渐多起来。1981年，北京景山学校日语教师何子岚先生因与宫崎家熟悉的缘故，曾协助对其家藏的历史资料进行整理。同年10月，宫崎滔天的孙女宫崎蕗苳女士及其先生宫崎智雄教授应邀到中国参加纪念辛亥革命70周年大会，向大会赠送了一批家藏的文献资料，引起史学界的注意。1982年，著名历史学家刘大年先生致函宫崎蕗苳女士，提出与宫崎家合作整理、研究资料的建议，并指派中国社会科学院近代史研究所荣孟源先生推动，1985年荣先生不幸病逝，工作被迫中断。此后，中国学者陆续造访宫崎家，阅览资料并作了相关研究。黄兴、何天炯后人在与宫崎家的来往中，也曾获取这些资料的相关部分。1993年，宫崎蕗苳女士向历史学家章开沅先生初步透露希望系统整理与出版其家藏资料的意向。

2005年11月，中国宋庆龄基金会与中央电视台共同赴日本九州拍摄《寻访孙中山的足迹》文献片过程中，参观了宫崎兄弟的故居，了解到宫崎家藏资料的情况，感到对中国近代史研究具有重要意义，并感慨这批资料历经一个多世纪得以保存下来的不容易。2007年11月，在章开沅先生的帮助和引荐下，中国宋庆龄基金会正式启动了整理出版宫崎滔天家藏有关中国革命资料的项目。这一项目得到宫崎蕗苳女士、宫崎黄石先生及其夫人的大力支持，也得到了日本学者久保田文次、久保田博子夫妇的积极帮助。2011年，在辛亥革命百年之际，中国宋庆龄基金会将先期整理出来的部分资料汇集，由人民美术出版社出版了《宫崎滔天家藏——来自日本的中国革命文献》一书，受到海内外各界的关注与赞扬。2013年，为了推动这项工作的持续开展，中国宋庆龄基金会成立了"宫崎滔天家藏资料研究"项目组，制订规划、组织专人、明确任务，每年两次至三次派出工作组赴东京西池袋宫崎滔天旧居工作，对这些珍贵资料进行分类、编目、扫描等。同时，工作组坚持整理与保护并举的良好做法，认真持续地对文物原件采取防潮、防虫等保护措施，得到了宫崎家的进一步信任。2016年春，资料整理基本进入尾声，按计划进入编辑出版阶段。经过反复论证，确定了以《宫崎滔天家藏民国人物书札手迹》为书名，分八卷逐卷出版的方案。

《宫崎滔天家藏民国人物书札手迹》收录辛亥革命至民国期间，包括孙中山、宋庆龄、黄兴、廖仲恺、何香凝、宋教仁、何天炯、戴季陶、蒋介石、汪精卫、胡汉民、朱执信、于右任、黄复生、陈其美、李烈钧、谭延闿、邓恢宇、孙毓筠、吴玉章、陈独秀、李大钊、毛泽东、熊克武、但懋辛等近百位与宫崎家有书信往来的中国历史人物的相关资料，涵盖笔谈、信函、题词、手札等。资料集采用影印形式出版，由相关专家学者对原文进行释读。释读中，原文错字用〔 〕号，增补者用〈 〉标出，模糊不清或无法辨认者用□标示，汉字形式的日文在[ ]内标注中文含义，个别人物化名或指代名以编者注的形式在【 】内标出。关于资料编排，首先按资料类型区分，第一卷至第六卷为笔谈、信函，第七卷、第八卷为题词；其次按照资料涉及人物、数量等情况相对集中编于各卷，各卷中按人物姓名拼音首字母顺序排列，同一人物的按资料时间顺序排列，日期不详或无法考证的置于该人物末尾。由于编者水平所限，书中难免有错讹之处，敬请读者指正。

在宫崎滔天家藏资料整理与出版工作中，宫崎家一如既往地给予信任和支持，中国驻日本大使馆及日本宋庆龄基金会等机构积极协助，章开沅、金冲及、黄彦、尚明轩、步平、严昌洪、罗福惠、王晓秋、杨天石、汪婉、李长莉、赵立彬、何大章、陈红军、沈锡麟、彭剑、苏刚及久保田文次、久保田博子等中日两国专家学者进行热忱指导，中国宋庆龄基金会理事孙晓燕、中山大学历史系教授赵立彬、井冈山大学外国语学院霍耀林参与大量具体工作，于志强先生提供部分资助，中国出版集团和华文出版社给予大力支持，在此一并致谢。

编者

2020年11月

序一

章开沅

我与宫崎家族可以说有天生的缘分。

小时候曾在父亲的书架上翻阅过《三十三年落花梦》,知道在日本曾经有位流浪武士,如同《隋唐演义》中的侠士虬髯客一样,把孙中山当作李世民式的明君,忠心耿耿帮助他发动辛亥革命,建立中华民国。

长大成人当上历史教师以后,由于研究辛亥革命,日本浪人与宫崎滔天成为绕不开的话题,对他有了更为具体的认知。但是在很长一个时期,由于中日已成敌国,所以从来不敢对这位东洋豪侠之士公开肯定。

直至"文化大革命"结束,中国进入改革开放的历史阶段,我们才有可能对宫崎滔天及其家族进行客观而较深入的研究。其实,就在"文化大革命"发动的那一年,即1966年春天,我差一点就与滔天的侄子世民见面。那时我被"纪念孙中山诞辰100周年筹备委员会"借调,参与出版孙中山、宋庆龄文集与征集史料方面的学术性工作,借住在白塔寺全国政协宿舍。宫崎世民正好也在北京友好访问,可能是想提供珍贵史料,急于与筹委会联络。当时北京市委已经成为批判对象,市内人心惶惶,筹委会又没有正式办公地点,及至找到我的住处,宫崎世民已经在飞机场候机返国,所以只能约定在机场见面。政协工作人员非常关切,赶紧派车送我到机场,但为时已晚,飞机即将起飞,那时又无手机,所以连说一句送别的话都无法实现。

1978年春,黄兴的女儿德华与丈夫薛君度到长沙访问,邀我共同探讨黄兴评价问题,宫崎兄弟自然成为重要话题。其时黄兴长子一欧因病住院,我们专程前往探访。他虽然高龄衰病,但谈起1907年至1911年年初寄住在宫崎家的往事,仍然充满依恋之情。感叹说:"宫崎滔天已经去世50多年了,我虽已进入衰暮晚年,仍然时常想起这位和蔼可亲的长辈,他的音容笑貌,历历如在眼前。"那些年宫崎只顾为孙中山东奔西走,家中经济极为贫困,但滔天夫人宁可给亲生儿子吃杂粮,也要保证一欧吃米饭健壮成长,及时回国参加辛亥革命。

1978年春夏之交,日中友协(正统)奈良县本部名誉会长北山康夫先生来武汉访问,交流辛亥革命研究情况。我顺便介绍了一下一欧老人的回忆，他顿时激动起来，并把滔天当年主编的《革命评论》杂志送给我。据说整个日本能够完整保存下来的只有两套，这是他自己珍藏多年的纪念品。我认真阅读了这套杂志，内心非常感动，并借用该刊登载的中国留日革命志士的诗句"只教文章点点血，流作樱花一片红"，作为题目，写成一篇深情散文在《人民日报》（海外版）发表，公开表达了我对宫崎兄弟的崇敬之情。

日本史学界很多辛亥革命研究者看过这篇文章，所以1979年深秋访问京都大学时，狭间直树曾经陪同我前往熊本荒尾参观宫崎故居及家墓。家墓保存完好，旧居原貌仍存，引发我许多感慨。1981年日本举办纪念辛亥革命70周年国际研讨会，会后我与金冲及教授应荒尾市市长邀请，又专程前往拜谒这位日本先贤的故居及相关历史遗址，并且举办了盛大的公众集会，我与冲及发表了热情洋溢的讲话。

在此前一年，即1980年秋天，宫崎的孙女蕗苳率滔天会一行20余人访问中国，曾经专程来武汉与我晤谈。这是我与宫崎家族正式结交的开始。但彼此交往密切，相知渐深，却是在1993年夏季我滞留日本的两个多月期间。我与妻子不仅参加了滔天会的例行集会，而且再次比较从容地参观了东京宫崎故居收藏的宝贵文物与丰富文献。正是在此期间，蕗苳初步透露了这批历史文献的整理与出版的意向，由我回国寻求可靠的承办单位。日本东京女子大学久保田教授与宫崎蕗苳一家关系密切，其妻博子又是日本宋庆龄研究会的骨干，自愿担任日方的相关联络。回国以后，我立即与中国宋庆龄基金会通报此事，并且迅速得到他们的明确回复，决定承办宫崎家文献的影印出版事宜。经过多方努力与辛勤整理编辑，终于实现了我们多年的共同梦想，其丰硕成果就是由中国宋庆龄基金会研究中心主编，人民美术出版社于辛亥革命百年纪念期间隆重推出的《宫崎滔天家藏——来自日本的中国革命文献》，线装影印，装帧典雅，受到海内外各界人士的热情赞扬。

此书出版后，曾在北京隆重举办新闻发布会，我与宫崎蕗苳及黄石母子，还有久保田文次教授，再次在北京欢聚，洋溢欣慰之情。正是在这次会上，我倡议再接再厉，一鼓作气，把宫崎家藏全部与中国相关的历史文献加以整理，逐卷影印出版。当即得到与会者一致赞同，而更为可贵的是中国宋庆龄基金会的相关领导，深切理解这项编辑出版工程的重大意义与深远影响，立即开始运作，共同书写中日友好合作交流的新篇章。

经过宫崎家族与宋庆龄基金会的通力合作，宫崎家藏历史文献整理编辑工作有序高效推进。今年即可出版两卷，主要为宫崎滔天与孙中山、黄兴两人的来往函札。这是对孙中山150周年诞辰的最好纪念。作为此项重大工程的倡议者与参与者，能够亲眼看见多年梦想逐步化为现实，内心之喜悦难以言表，只能草成此序，略抒胸臆而已。

丙申仲秋于桂子山，年方九十

序作者为华中师范大学原校长、荣誉资深教授。

序二

杨天石

宫崎滔天是孙中山的亲密友人，和中国许多革命人士交往频繁，一生热诚支持中国革命，家藏大量相关信函、笔谈、照片等珍贵文物。2010年，为迎接辛亥革命100周年，中国宋庆龄基金会编辑并影印出版了孙中山与宫崎滔天的笔谈39枚、信函多通，受到世界中国近代史学界的广泛关注。2016年，为纪念孙中山诞辰150周年，宋庆龄基金会得到宫崎滔天后人授权，拟逐卷出版其全部家藏的中国革命人士的手迹等文物。这将为中国近代史的研究提供大批珍贵资料，是孙中山150周年诞辰纪念活动中最重要、最有光彩、最为学界关注的一笔。

宫崎滔天（みやざき とうてん 1871—1922），本名宫崎寅藏，一名虎藏，别号白浪庵滔天。出身于日本熊本县玉名郡荒尾村（今荒尾市）的"乡士"家庭（"武士寒门"）。有七个哥哥，三个姐姐，寅藏居末，与其兄宫崎八郎、宫崎民藏、宫崎弥藏四人，合称为宫崎兄弟。其中，八郎是日本自由民权运动的健将，1877年战死于反对封建藩阀的西南战争中；二哥民藏反对封建土地制度，倡导土地均分论，组织土地复权同志会，是日本提出土地问题的先驱；三哥弥藏认为当时的世界"弱肉强食"，"强者逞暴，日甚一日，弱者的权利与自由，一天天地丧失殆尽"，"必须速谋恢复之策"。三位兄长的思想都给了滔天以深刻的影响。

滔天幼年随父亲宫崎长藏学习剑术，后就读于德富苏峰所办大江义塾和中村正直所办同人社。1886年，转入东京专门学校（今早稻田大学）英语科，开始关注亚洲的革命运动。1888年，弥藏对滔天说：要防止黄种人永远遭受白种人的压迫，"这个命运的转折点，实系于中国的兴亡盛衰"，"倘若中国得以复兴，申大义于天下，则印度可兴，暹罗、安南可以奋起，菲律宾、埃及也可以得救"，将"广泛地恢复人权，在地球上建立一个新纪元"。弥藏建议深入中国内地，遍访英雄，共图大事。如果找到治世豪杰，就愿效犬马之劳。弥藏的思想自此成为滔天"一生进路的指南针"。后来，滔天又在此基础上进一步扩展为"世界维新，欲行天道于此邪恶世界"。他在给妻子的信中表示："我们的朋友是穷人、乞丐，我们的敌人是君王、贵族、地主和富翁。我们势非与社会的最强者搏斗不可。"

1891年5月，滔天初访中国上海，无所成。1897年7月，滔天与平山周等经由犬养毅斡旋，得到日本外务省的资助，来华考察秘密结社。1897年9月，滔天与平山周在横滨陈少白的家中见到孙中山，孙阐述了自己的革命主张，认为"共和政治"为"政体之极则"。滔天对孙中山大为倾倒，感慨地写道："孙逸仙实在已接近真纯的境地。他的思想何其高尚，见识何其卓越，抱负何其远大，情念何其切实。在我国人士之中，究竟有几个如他？他实在是东方的珍宝。"自此，滔天就将自己振兴亚洲和振兴中国的希望寄托于孙中山身上。他不仅将孙中山引荐给犬养毅等日本政治、经济界要人，而且将孙中山所写《伦敦蒙难记》译成日文，改题《清国革命领袖孙逸仙幽囚录》，亲撰按语，在福冈的《九州日报》上连载。这样，孙中山在日本的影响就日渐扩大。

1898年戊戌政变发生，滔天护送逃亡香港的康有为到达日本，奔走于孙中山与康有为及其弟子梁启超之间，力图劝说两派联合，共同反对清朝政府。1899年11月，滔天协助毕永年等人，将兴中会、哥老会、三合会三派联合，成立兴汉会，推举孙中山为会长。1900年6月，滔天陪同孙中山等人自日本乘轮南下，企图乘北方发生义和团运动之机，以江苏、广东、广西等南方六省为基础，建立共和政体。滔天亲到广州，与李鸿章的代表刘学询谈判，实行两广独立；又到新加坡，企图劝说康有为"复建共和之旗帜，握手协力"。康有为怀疑滔天为刺客，向英国殖民当局控告，滔天被捕。孙中山得知，从西贡赶来营救。10月，滔天参与惠州起义，负责从日本调运原菲律宾独立军所留弹药，由于政客和商人的欺骗舞弊，均为废物。11月7日，起义失败，滔天返回日本。他穷困潦倒，又不愿从政府的对华间谍组织获取经费，转职成为浪花节艺人，到日本各地演唱，筹措革命经费。他曾对家人说："我能挣到革命的经费，而无法挣到养家的经费，万分地抱歉，请你们自食其力吧。"

1902年，滔天出版自传《三十三年之梦》，其中《兴中会首领孙逸仙》一章详述孙中山的革命经历。孙中山为该书作序，称滔天为"今之侠客"，"识见高远，抱负不凡，具怀仁慕义之心，发拯危扶倾之志。日忧黄种陵夷，悯支那削弱，数游汉土，以访英贤，欲共建不世之奇勋，襄成兴亚之大业。闻吾人有再造支那之谋，创兴共和之举，不远千里，相来订交，期许甚深，勖励极挚。"该书1903年由章士钊节译，以《大革命家孙逸仙》为名出版，随即"风行天下，人人争看，竟成鼓吹革命之有力著述"。

1903年之后，中国内地的爱国青年纷纷赴日留学，滔天热情接待、联络。1905年7月，滔天陪同孙中山会见黄兴，"谈论极合"，一见如故。不久，再次陪同孙中山访问《二十世纪之支那》杂志社，会见湖南革命志士陈天华与宋教仁。同月30日，参加中国各省志士在东京赤坂区黑龙会会所举行的会议，决定成立新的革命团体。8月13日，参加中国留日学生在东京富士见楼举行的欢迎孙中山会，与日人末永节二人先后发表演说。8月20日，以孙、黄为核心的中国同盟会成立，滔天成为第一批外籍会员。11月26日，同盟会机关刊物《民报》创刊，公开提出民族、民权、民生三大主义，滔天的住宅成为其最早的发行所。为了与《民报》呼应，滔天创办日文杂志《革命评论》。在第4号上以头版刊登孙中山的大幅照片，同时刊登滔天所写文章《志士的风骨》，介绍孙中山的事迹和为人。第7号上发表《支那革命殉难者小传》，纪念史坚如、邹容、陈天华、吴樾等烈士。1906年7月15日，章太炎出狱，到达东京，中国革命党人在锦辉馆召开欢迎大会，滔天发表演说，声称世界专制之国，存于今日者只有中国及俄罗斯，"然俄于近年民党进步至锐，旦夕将达其目的，贵国宁能无动乎？"

孙中山在日本东京期间，曾将联络、运动日本各方的工作委托滔天。1907年，支持中国革命的平山周、北一辉、和田三郎几个日本人士之间发生矛盾，孙中山于9月13日致函滔天，委托其全权办理在日本的"筹资、购械、接济革命军"以及与出资者谈判等各方面的工作。函称："专托足下一人力任其难，如有所商酌，可直接函电弟处。"由此可见孙中山对滔天的高度信任。1909年，滔天的经济愈加困难，生活陷于绝境，东京赤坂警察署的署长企图乘机收买滔天，要他提供中国革命者的情报，被滔天愤然拒绝。孙中山作书致谢。函称："足下为他国事，坚贞自操，艰苦备尝如此，吾人自问，惭愧何如！"

滔天和黄兴也情谊深厚。1907年，黄兴将儿子一欧寄养于滔天家。1908年7月，黄兴到东京，与滔天"天天有来往"。当时，滔天全家吃豆腐渣过日子，却设法借债让黄兴吃白米饭。1910年2月，黄兴为在中国南方发动起义，委托滔天在日本招募步兵、炮兵、工兵官佐。滔天为此运动长谷川大将，陆军大臣寺内正毅乘机派亲信随滔天到香港考察，黄兴作诗赠滔天，表达"百万雄师直抵燕"的热切愿望。同年，滔天被日本政府列为甲号社会主义者，受到严密监视。1911年4月，孙中山听到滔天"贫而病"，从加拿大寄款慰问。

1911年10月10日，武昌起义。10月17日，滔天参加在东京日比谷公园举行的浪人会，主张日本"绝对中立"，反对政府乘机侵华，干涉中国内政。11月15日，滔天挪借旅费来华，准备西上汉阳，接到孙中山约见的电报后立即赶到香港，与孙中山同轮赴沪。1912年元旦，参加孙中山就任临时大总统典礼。为了解决北伐清廷所需军费，滔天等人介绍孙中山向日本三井财阀借款，最终未能成功，孙中山不得不接受袁世凯所提出的和议。8月，孙中山应袁世凯之邀北上，电告滔天，称袁世凯将授予滔天以米谷输出权，滔天以渴不饮盗泉之水自励，加以拒绝。9月1日，滔天与何天炯、邓恢宇等人共同创办中日文并用的《沪上评论》，倡导发展中日友好。10月，离华回国。

1913年3月，孙中山访问宫崎家乡，在致词中盛赞宫崎弟兄"竭尽全力"支持中国革命的精神，祝愿两国的友谊"能如吾等之君子之交"，"携手共进，和睦友善"。同月20日，宋教仁在上海遇刺，孙中山从日本匆匆回国，发动"二次革命"，滔天参与筹划。"二次革命"失败，孙中山、黄兴之间意见分歧，革命党人中出现严重分裂，滔天力图化解孙、黄两派之间的矛盾。1915年10月25日，出席孙中山与宋庆龄的婚礼。1915年，滔天为改变大隈重信内阁的对华政策，反对袁世凯，支援孙中山，曾试图参政。他在犬养毅、头山满、寺尾亨、阪本金弥等人的推荐下，设立事务所，竞选众议院议员，孙中山曾驰书鼓励，赞美滔天为"真爱自由平等博爱之人"。

1916年5月，滔天再次到上海，和钮永建等计议向日本财阀久原房之助借款，发动讨袁军事。同年10月31日，黄兴逝世，滔天"痛心欲绝"，"大哭特哭"。1917年4月，长沙各界公葬黄兴、蔡锷，滔天不远万里，临穴送棺。当时正在湖南第一师范读书的毛泽东和萧三受到感动，联名求见滔天，称赞他"高谊贯于日月，精神动乎鬼神，此天下所希闻，古今所未有也"。4月1日，滔天到第一师范演讲，继续呼吁振兴亚洲。同年9月，孙中山在广州就任军政府大元帅，颁布讨伐段祺瑞令，命何天炯赴日，通过滔天争取财政援助。曾谋划开采广东汕头和安徽芜湖附近的铁矿和煤矿。此后的几年间，滔天及其夫人槌子一度热衷于联络革命党人邓恢宇等，投资矿业和米业。

1918—1921年，滔天为《上海日日新闻》撰写大量时评，抨击日本的军国主义与侵略扩张政策，主张日本应同各国发展相互平等的关系。他尖锐批评寺内正毅内阁的援助段祺瑞、压迫南方政府的外交政策。

1921年2月，孙中山授意何天炯邀请滔天访粤。3月12日，滔天与另一位支持中国革命的萱野长知在广州会见孙中山，孙中山仍然希望滔天代为向日本资本家借款。滔天返日后，积极进行，使孙中山无比感动，称滔天为"岁寒松柏"，"其人格尤苍健无匹"。次年12月6日，滔天因肾病和尿毒并发症逝世于日本东京，享年51岁。孙中山驰电："惊悉滔天同志去世，谨致哀悼之意！"1923年1月，孙中山领衔发起，在上海召开追悼大会，赞誉滔天为"日本之大改革家"，"对于吾国革命历史上，尤著有极伟大之功勋"。其骨灰分葬于故乡熊本县荒尾市与新潟县保仓村显圣寺。

宫崎滔天家藏中国革命人物的书简、手迹和实物。其中，属于孙中山与国民党系统的有孙中山、黄兴、宋教仁、胡汉民、朱执信、廖仲恺、张继、李烈钧、章太炎、何天炯、邓恢宇、陈去病等，后来成为中共领导人的有陈独秀、李大钊、毛泽东、吴玉章等，属于文化、艺术系统的有鲁迅、田汉等，总数约近百人，均弥足珍贵。1985年6月，我访问东京，曾由日本学者久保田文次、藤井昇三陪同，访问滔天旧居，蒙宫崎智雄、宫崎蕗苳夫妇热情接待，出示部分珍贵资料，并在孙中山手书的"推心置腹"四字匾额下合影，彼时情景，至今感念不忘。京都大学小野川秀美教授藏有何天炯、邓恢宇致滔天函复印件多份，我承该校狭间直树教授赐赠，又蒙宫崎夫妇惠允利用，陆续写成《何天炯与孙中山》《邓恢宇与宫崎夫妇》两篇论文。当时，颇以未窥全豹为憾。现在，滔天家藏的这些珍贵资料陆续全部出版，这是中日学界的大事、喜事，相信必将大为推动中国近代史和中日关系史的研究。

2016年8月写定于北京东城之书满为患斋

序作者为中国社会科学院荣誉学部委员、中央文史研究馆馆员、近代史研究所研究员、国家图书馆民国文献保护工程专家委员会顾问。

序三

久保田文次（日）

宫崎滔天（1871—1922），本名虎藏，通称寅藏，出身于今熊本县荒尾市乡士（居住乡村的武士）兼大地主家庭。全家人皆仁慈厚爱，且具反潮流精神。长兄八郎曾参加明治维新及自由民权运动，追随西乡隆盛战死沙场。民藏继为长兄，因同情佃农开展"土地复权"运动将土地有偿转让给他们。次兄弥藏反对俄罗斯及欧美各国入侵亚洲，为保日本独立，明治维新后随即主张国力尚不完备的日本给予朝鲜、中国协助。因为朝鲜、中国均尚贫弱，两国若不经改革乃至革命，即无法与日本携手合作，也不足以抵抗欧美。弥藏为寻求主张改革的中国志士开始学习中文，并于1895年在横滨与孙文、陈少白相识，1896年不幸病故。滔天赞同弥藏联合亚洲的主张，于1897年9月自香港回国抵达横滨后径直前往中华街陈少白寓所，陈未在，仅一身材矮小的西洋式绅士在场，正是弥藏多方寻访的孙文本人。初识之孙文与滔天想象的伟岸、美髯、善"高谈壮语"的"东洋豪杰"形象相差甚远，故心存疑虑。孙文就中国现状与革命理想谆谆如处女般谈起，继而"挥洒如脱兔"。滔天为孙文的激情折服，且感意气相投，自此，终生成为中国革命的援助者。

宫崎滔天投身孙文革命运动的同时，不断将孙文本人及革命运动的情况发表于报纸杂志。其最大功绩莫过于1902年于其自传《三十三年之梦》中系统介绍了孙文其人及思想活动，为世界首次。该书翌年经章士钊《孙逸仙》、金天翮《三十三年落花梦》抄译，为中国人民了解近代革命家孙文做出重大贡献。1905年经滔天斡旋，孙文与黄兴相识并共创中国同盟会，继而滔天与萱野长知共同创刊《革命评论》以声援中国革命。同时协助武器购买及资金筹集等具体事务，并积极向孙文等介绍日本政治家、外交官、军人、舆论人。其间与犬养毅及头山满也建立起密切关系。辛亥革命爆发时，滔天亲往上海支持孙文。之后亦不断给中国革命以支援，一贯对日本武断的对华政策加以批判。

滔天身为"浪人"并无固定职业，唯一收入来自报纸杂志和"浪曲师"等的稿费。多亏妻槌子揽女红活贴补，方可维持家计。并不富裕、"勉强度日"中，不仅接待孙文、黄兴、宋教仁，还款待过许多当时尚无名气的年轻革命者们。槌子十分理解滔天的事业，每每亲自接待中国来客。长子继承家业是日本的家族原则，滔天的兄长民藏理解并支持弟弟对中国革命的付出，乐于与留宿滔天家的中国志士交流。槌子之姐前田卓子是日本著名作家夏目漱石小说《草枕》女主人公原型，因婚姻失败前往东京，在同盟会机关报《民报》社居住并工作，被爱称为"民报祖母"。槌子的弟弟前田九二四郎亦曾参加革命活动。

滔天长子宫崎龙介（1892—1971）毕业于东京帝国大学法学部，是"大正民主运动"领袖吉野作造的门生，理解中国"五四"运动，与陈独秀、李大钊有亲密交往。龙介曾一度接近蒋介石，对日本的侵略政策一贯持批判态度，第二次世界大战后为和平运动及日中友好运动做出贡献，并长期致力于宫崎家藏资料的保护与整理。龙介女儿蕗苳之夫宫崎智雄是早稻田大学教授，在有识者何子岚的协助下倾心整理、挖掘家藏资料，并在与何天炯后人交流中提供并公开资料。

黄兴1904年11月亡命日本时立即拜访滔天，在推动同盟会翌年成立的过程中与滔天交往密切。滔天爱慕黄兴的质朴，将黄兴之子黄一欧、黄一中、黄乃接来日本读书，两家交往。滔天东京居所的取得也得益于黄兴的帮助，双方"情谊"深厚。尽管滔天无比仰慕孙文，但对孙文某些独裁倾向持批判态度。特别是在中华革命党成立前后的孙黄对立中竭尽调停之力，之后对孙文一如既往地支持，对黄兴的同情也不加掩饰。此次全集的编辑出版，恰将印证滔天与黄兴一家的亲密关系。

滔天与孙文、黄兴的友谊世人皆知，但最得滔天一家关照过的是宋教仁。宋教仁日记《我之历史》已成为记录宋本人及孙、黄等人活动的重要史料。谨此引用一段宋日记中描绘滔天一家接待中国人的段落。宋教仁于1905年7月19日与程家柽（润生）一同初次拜访宫崎家，记为"既抵滔天君家、则滔天已外出、惟其夫人在、速客人、属待之、余等遂坐。良久、一伟丈夫、美髯椎髻、自外昂然入、视之则滔天君也、遂起与行礼。润生则为余表来意、讫、复坐。滔天君乃言孙逸仙君不日将来日本、来时余当为介绍君等云云。又言君等生于支那、有好机会、有好舞台、君等须好为之、余日本不敢望其肩背、余深恨余之为日本人也"。滔天对得遇机会、舞台的中国革命家的羡慕之情可见一斑。之后，滔天参与协商黄兴及华兴会与孙文的合并，正是由于滔天的斡旋，事态快速进展，至8月20日中国同盟会成立大会召开。

同年9月17日宋教仁与张步青等友人共同拜访宫崎家，日记为"既至、坐良久、滔天出酒肴共啖之、余举杯连饮、少焉稍有醉意、乃放声唱湖南之新剧、滔天亦击节而歌、步青亦作鄂调、举坐殆若狂。良久、滔天之夫人内田氏（应为前田氏）亦出而举酒属客、余一饮而尽者数杯。又移时、余乃醉矣、呕吐满地、颓然横卧、迨至戌初、步青乃呼醒余、乃共辞归"，主客相融的气氛溢于言表。如此场景宋教仁日记多有记录，如实描绘了滔天一家对中国青年革命者们的热情接待。

宋教仁曾从事《民报》工作，与前田卓子同事。宋患有神经性疾病，卓子非常关心其健康，帮助宋治疗坐骨神经痛，宋自田端脑病院出院后，卓子建议宋去其九州娘家疗养。最终，经黄兴建议暂住新宿滔天家静养。宋教仁记有1906年10月5日下午4时到达宫崎家时的情景，"宫崎之夫人即为余扫除房间、少时余之行李亦运、遂搬入焉。其房在其家屋深处、有窗临街、颇可居也。宫崎氏有子二人、长名龙（龙介）、次名震（震作）、女一名节（节子）、夫人前田氏和坦可亲、其家庭之乐甚足羡"。宋教仁在宫崎家养病期间迎来《民报》创刊一周年大会，1907年元旦与滔天、萱野长知等对酒迎新，1月7日为代理即将远赴越南的黄兴的同盟会庶务干事一职搬入黄兴租住居所。如此打扰过宫崎一家的宋教仁直接史料，在宫崎家史料中却所见不多。不过宋教仁、何天炯、张继与盛装的前田卓子、福田内子（《民报》职员，滔天同乡）的合影照片"民报社的人们"可见。据宋教仁日记，1906年3月1日何天炯、前田等聚会为即将赴中国东北的张继饯行，2日特前往照相馆合影留念。宋教仁直接史料虽然不多，但宋日记却记录宋教仁本身和同盟会动态的同时，还如实记录了滔天一家对中国革命者、留学生的热情接待，是珍贵史料。

为张继饯行并参加合影留念的何天炯也是频繁到访宫崎家的中国人之一，他致滔天信函逾百封。宫崎家藏滔天收讫信函中，包括日本人在内，来自何天炯的堪称最多。如杨天石、狭间直树所说，何天炯有着敢于向孙文谏言的骨气，宫崎家藏数十位同志题跋签名的大幅横轴，正是为何天炯书法"文章有神交有道……"所题。何天炯书简预计由李长莉编辑出版为《何天炯集》，百余封信函的分析对孙文研究、辛亥革命研究具有重要意义。

宫崎家不仅藏有上述孙文、黄兴、宋教仁、何天炯资料，还藏有其他众多中国革命运动领导人、参与者的信函、随笔、书画、照片、名片等大量史料。以往出版过的《孙中山全集》《国父全集》《黄兴集》《黄克强先生全集》等不曾收录的资料此次亦有相当补充。宫崎家史料或多或少涉及的主要人物除上述人物还有以下诸位，恕不分排名先后：孙科、宋庆龄、陈少白、赵声、章炳麟、蔡元培、汪兆铭、胡汉民、陈其美、李烈钧、柏文蔚、谭延闿、孙毓筠、许崇智、朱执信、廖仲恺、何香凝、戴季陶、于右任、黄复生、章士钊、蒋介石、陈诚、谢持、吴玉章、董必武、熊克武、但懋辛、邓铿、胡毅生、景梅九、林义顺、韩恢、凌钺、白逾桓、邓恢宇、陈家鼐、何树龄，以及毛泽东青年时期致滔天信函。与龙介相关史料涉及鲁迅、陈独秀、李大钊、周恩来、廖承志、田汉、康白情，等等。中国近代史上熠熠生辉的人物在宫崎家藏史料中如星罗棋布。仅一个家族所藏涉及如此众多历史人物，在泱泱中国也不多见。

这些历史人物都是身后扬名，滔天一家招待时都还是无名且前途无从预测的青年，无论是蒋介石还是毛泽东。我只有无比钦佩滔天一家对这些无名青年的期待乃至招待。能为世界留下如此大量的重要且珍贵的史料无不源自那些日常招待。还应该说，正是有了滔天与槌子、龙介与白莲、智雄与蕗苳、黄石与博子历代继承者的精心保管、整理，才使得本资料全集的出版成为可能。

我本人原本不是孙文研究者，多年协助刘大年先生等中国学者访问宫崎家之余，通过宫崎智雄先生将发现龙介与宋庆龄往来信函告知久保田博子事，对滔天自身产生浓厚关注，并开始协助中国宋庆龄基金会整理资料。可以说每次拜访宫崎家都有令我激动的新发现。值此基金会的资料整理告一段落，开始出版八册全集之际，唯有无限感慨。衷心感谢宫崎一家及中国宋庆龄基金会给予我们夫妇如此巨大的学习机会。

2016年9月

序作者为日本女子大学名誉教授。

目　录

一、孙中山与宫崎滔天的笔谈

1. 孙中山与宫崎滔天笔谈残稿之一　　　　　　　　　　/3
2. 孙中山与宫崎滔天笔谈残稿之二　　　　　　　　　　/5
3. 孙中山与宫崎滔天笔谈残稿之三　　　　　　　　　　/7
4. 孙中山与宫崎滔天笔谈残稿之四　　　　　　　　　　/9
5. 孙中山与宫崎滔天笔谈残稿之五　　　　　　　　　　/11
6. 孙中山与宫崎滔天笔谈残稿之六　　　　　　　　　　/13
7. 孙中山与宫崎滔天笔谈残稿之七　　　　　　　　　　/15
8. 孙中山与宫崎滔天笔谈残稿之八　　　　　　　　　　/17
9. 孙中山与宫崎滔天笔谈残稿之九　　　　　　　　　　/19
10. 孙中山与宫崎滔天笔谈残稿之十　　　　　　　　　　/21
11. 孙中山与宫崎滔天笔谈残稿之十一　　　　　　　　　/23
12. 孙中山与宫崎滔天笔谈残稿之十二　　　　　　　　　/25
13. 孙中山与宫崎滔天笔谈残稿之十三　　　　　　　　　/27
14. 孙中山与宫崎滔天笔谈残稿之十四　　　　　　　　　/29
15. 孙中山与宫崎滔天笔谈残稿之十五　　　　　　　　　/31

16. 孙中山与宫崎滔天笔谈残稿之十六 /33
17. 孙中山与宫崎滔天笔谈残稿之十七 /35
18. 孙中山与宫崎滔天笔谈残稿之十八 /37
19. 孙中山与宫崎滔天笔谈残稿之十九 /39
20. 孙中山与宫崎滔天笔谈残稿之二十 /41
21. 孙中山与宫崎滔天笔谈残稿之二十一 /43

二、孙中山等与宫崎滔天的信函

1. 孙中山致宫崎滔天函（1899年3月2日） /47
2. 孙中山致宫崎滔天函（1899年4月1日） /49
3. 孙中山致宫崎滔天函（1905年6月4日） /51
4. 孙中山致宫崎滔天函（1907年9月13日） /53
5. 孙中山签发的中国同盟会给宫崎滔天的委任状（1907年9月13日） /57
6. 孙中山致宫崎滔天函（1909年3月2日） /59
7. 孙中山致宫崎滔天和萱野长知函（1910年7月） /63
8. 孙中山致宫崎滔天的信封（1910年11月29日） /65
9. 孙中山致宫崎滔天函（1911年2月3日） /67
10. 孙中山致宫崎滔天函（1911年2月15日） /71
11. 孙中山致宫崎滔天函（1911年4月1日） /75
12. 孙中山致宫崎滔天的信封（1911年5月2日） /77
13. 孙中山致宫崎滔天函（1911年5月20日） /79
14. 孙中山致宫崎滔天函（1911年9月12日） /81
15. 孙中山为宫崎滔天题字（1911年12月20日） /85

16. 孙中山致宫崎滔天函（1915年2月28日） /87
17. 孙中山致南洋同志函（1917年2月20日） /89
18. 孙中山致宫崎滔天函（1918年1月21日） /91
19. 孙中山致宫崎滔天函（□年11月15日） /93
20. 孙中山致宫崎滔天请柬之一 /95
21. 孙中山致宫崎滔天请柬之二 /97
22. 孙中山致宫崎滔天请柬之三 /99
23. 宫崎滔天致孙中山函底稿 /101
24. 孙中山电文两通（一） /103
25. 孙中山电文两通（二） /105
26. 宋庆龄致宫崎龙介函（1924年12月29日） /107

三、宫崎滔天与何树龄的笔谈

1. 宫崎滔天与何树龄笔谈残稿之一 /115
2. 宫崎滔天与何树龄笔谈残稿之二 /117
3. 宫崎滔天与何树龄笔谈残稿之三 /119
4. 宫崎滔天与何树龄笔谈残稿之四 /121
5. 宫崎滔天与何树龄笔谈残稿之五 /123
6. 宫崎滔天与何树龄笔谈残稿之六 /125
7. 宫崎滔天与何树龄笔谈残稿之七 /127
8. 宫崎滔天与何树龄笔谈残稿之八 /129
9. 宫崎滔天与何树龄笔谈残稿之九 /131
10. 宫崎滔天与何树龄笔谈残稿之十 /133
11. 宫崎滔天与何树龄笔谈残稿之十一 /135

12. 宫崎滔天与何树龄笔谈残稿之十二　　　　　　　　　　　　/137
13. 宫崎滔天与何树龄笔谈残稿之十三　　　　　　　　　　　　/139
14. 宫崎滔天与何树龄笔谈残稿之十四　　　　　　　　　　　　/141
15. 宫崎滔天与何树龄笔谈残稿之十五　　　　　　　　　　　　/143
16. 宫崎滔天与何树龄笔谈残稿之十六　　　　　　　　　　　　/145
17. 宫崎滔天与何树龄笔谈残稿之十七　　　　　　　　　　　　/147
18. 宫崎滔天与何树龄笔谈残稿之十八　　　　　　　　　　　　/149

一、孙中山与宫崎滔天的笔谈

孙中山（1866—1925）

广东香山（今中山市）人。名文，字德明，号日新，改号逸仙，1897年在日本化名中山樵以从事革命，后遂以中山名世。1878—1892年，先后在檀香山、香港、广州读书，攻医学。1892年毕业于香港西医书院，先后在澳门和广州开业行医，广泛结交反清志士，相谋救国。1894年6月北上天津，上书李鸿章陈富国之策，遭拒后愤而投身革命。11月在檀香山创立资产阶级革命团体"兴中会"，提出"驱除鞑虏，恢复中华，建立合众政府"的政治主张。1895年10月发动广州起义，事泄，未起而败，逃亡日本，继续从事革命组织和宣传活动。1896年10月在伦敦被清驻英使馆官员诱捕囚禁，经得英人康德黎等营救脱险。1905年8月以兴中会、华兴会、光复会为基础，在东京创立中国第一个民主革命政党"中国同盟会"，被举为总理，确立三民主义革命纲领。1906—1911年间，领导发动多次武装起义。武昌起义后立即由美国经欧洲回国。1912年1月1日就任中华民国临时大总统，后被迫辞职，让位于袁世凯。1913年7月发起反对袁世凯的"二次革命"，失败后再度逃亡日本。1914年7月在东京创建中华革命党。1917年起三次南下广东建立革命政权，与北洋政府对抗。1919年10月改组中华革命党为中国国民党，任总理。1924年1月主持召开中国国民党第一次全国代表大会，正式与苏俄和中国共产党合作建立民主联合战线，创办黄埔军校。1925年3月12日病逝于北京。1929年6月安葬于南京东郊紫金山南麓。

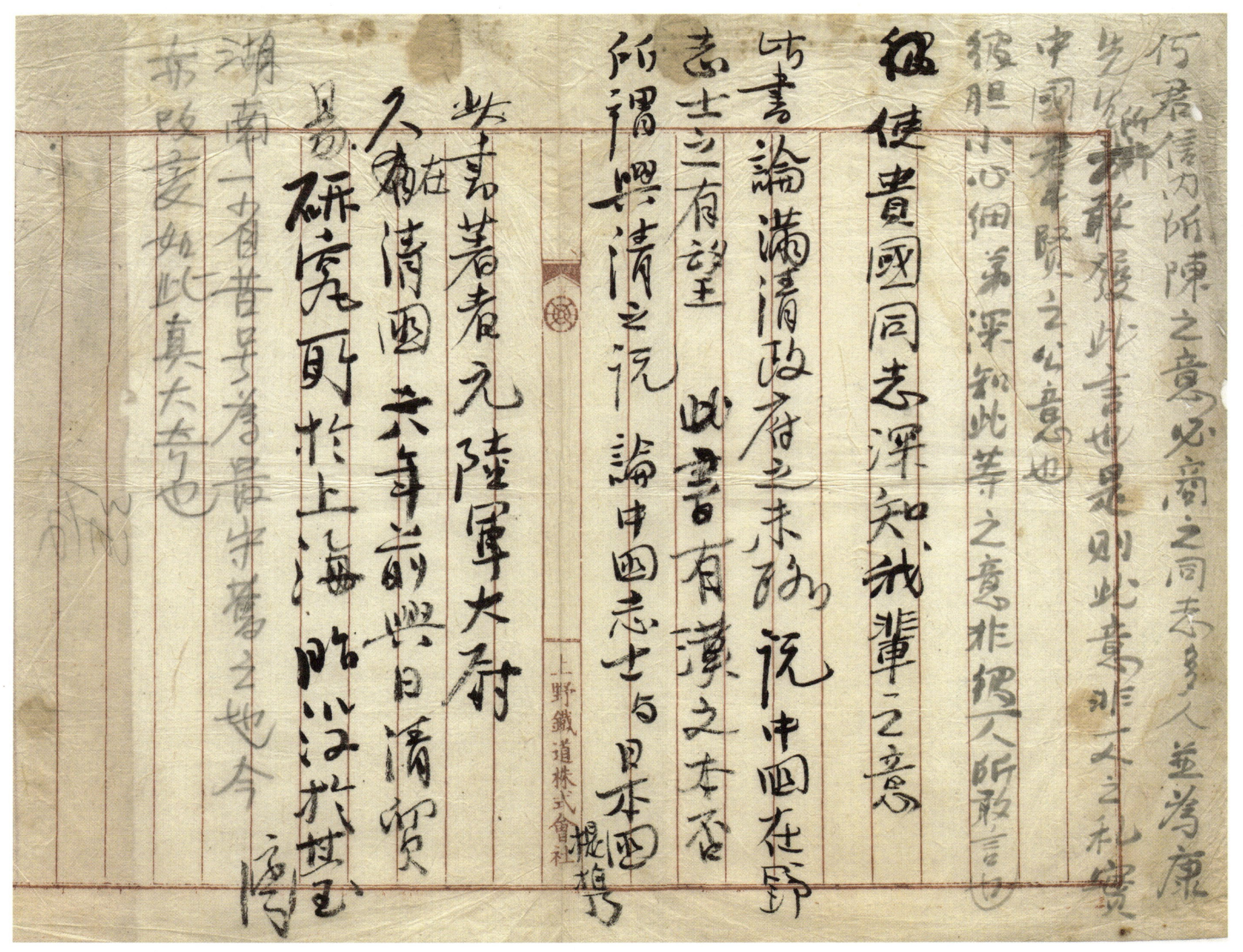

孙中山与宫崎滔天笔谈残稿之一

释读

孙　文：何君信内所陈之意，必商之同志多人，并为康先生所许，方敢发此言也。是则此意非一人之私，实中国群贤之公意也。
　　　　彼胆小心细。弟深知此等之意非彼一人所敢言也。
滔　天：使贵国同志深知我辈之意。
　　　　此书论满清政府之末路，说中国在野志士之有望。
孙　文：此书有汉文本否？
滔　天：所谓兴清之说，论中国志士与日本国提携。此书著者元陆军大尉，久在清国。六年前兴日清贸易研究所于上海，昨没于台湾。
孙　文：湖南一省昔号为最守旧之地。今亦改变如此，真大奇也。

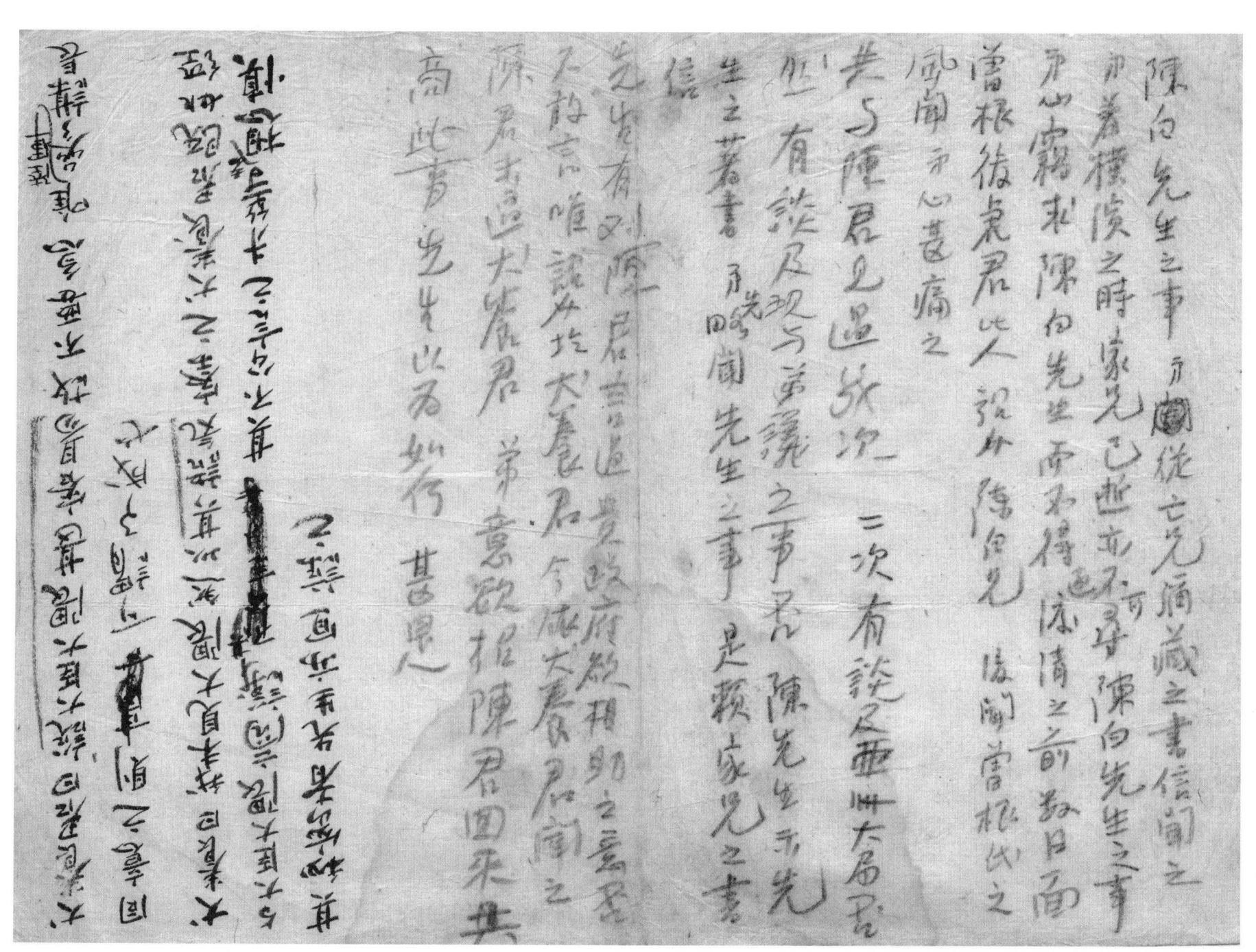

释读

滔　天：陈白先生之事，弟从亡兄弥藏之书信闻之。弟着横滨之时，家兄已逝，亦不可寻陈白先生之事。
　　　　弟心窃求陈白先生而不得。遂渡清之前数日，面曾根俊虎君。此人诏〔绍〕介陈白兄。后闻曾氏之风闻，弟心甚痛之。
孙　文：共与陈君见过几次？
滔　天：二次。
孙　文：有谈及亚洲大局否？
滔　天：然。
孙　文：有谈及现与弟议之事否？
滔　天：陈先生示先生之著书。弟先略闻先生之事，是赖家兄之书信。
孙　文：先生有对陈君言过贵政府欲相助之意否？
滔　天：不敢言，唯诏〔绍〕介于犬养君。今依犬养君闻之，陈君未遇犬养君。
孙　文：弟意欲招陈君回来共商此事，先生以为如何？
滔　天：甚是。
　　　　犬养君曰："说大臣大隈甚容易，故不要急。唯陆军参谋长同意之，则可谓事成也。"
　　　　犬养曰："我未见大隈。"然以其语气察之，犬养君既如经与大臣大隈商议，其不公言之弟等者，
　　　　想慎其秘密者。先生亦宜谅之。

孙中山与宫崎滔天笔谈残稿之三

释读

孙　文：他日举事，弟必亲督士卒攻城袭〈地〉。而陈君当留日本，与贵政府商办各事甚可也。

滔　天：犬养君曰："设广东语学堂，甚可也。"必不可不设之。唯曰"广东语学堂"，清人或觉有心广东，故表曰"中国语学堂"，里实学广东语亦〈可〉也。

孙　文：甚好，陈白君优于办此等之事。如其有意，弟当早招之回日，克日举办。

滔　天：犬养君曰设学堂之事，中、日孰可？

孙　文：以日为妥。

滔　天：唯举事之便有设于中国，然少不稳当。

孙　文：诚然。

滔　天：但欲学广东〈语〉，则必设于广东。

孙　文：惟如犬君之所虑，则有不宜也。又前贵国人士设商业学堂于上海，清人皆传此实日本欲侦探清国之情形起见。今又步其后尘，则必生疑矣。弟等又有意于兹。

滔　天：此学堂主即是荒尾精君。一昨日先生见其书，可见其志。唯多数人不知其深意而疑惧之矣。可慎也。

学堂设於东京甚好因可招我辈同志留东君等教习内可商谋事之举甚可也
望对犬养君言此意敬诉之
曾根君曾继泳而於学堂之事
谈之皆可其说而不可其人
现时广君名望队地亦甚痛之唯当事用之处
曾君之意想是承陈君所嘱陈君久有此志因
限於力故谋及曾君也或此非预谋之人

先生之心事吾等忖度之唯少忽而佳似可也吾等
誓全力尽先生之事先生之事东洋之事
东洋之事必世界人权之问题也先生负鉴空
任须持空也德不孤必有隣也诚我言也

弟入东京住欲觅一通汉文又善书写之婢以代
写及教日语一可各有其又
婢皆是言葡文字者仆或可得欤
男 工领 工錶
甚有文字者梦莫是食寮
炒食寮也
不便芝薪礼

宫崎滔天家藏民国人物书札手迹（第一卷）

释读

孙 文：学堂设于东京甚好。因可招我辈同志过来，名为教习，内可商议举事之策。

滔 天：甚可也，甚可也。

孙 文：望对犬养君言此意。

滔 天：敬承，敬承。
曾根君曾谋弟于学堂之事。弟就二三友人谈之，皆可其说，而不可其人。弟知于是撰〔选〕人之要。

孙 文：正是。

滔 天：现时曾君名望坠地，弟甚痛之。唯当事用之，亦有用之人物也。

孙 文：曾君之意，想是承陈君所嘱。陈君久有此志，因限于力，故谋及曾君也。

滔 天：或然，非预谋之人。
先生之心事，弟等肘〔忖〕度之，唯少忍而侍〔待〕机可也。弟等举全力尽先生之事。先生之事，东洋之事；东洋之事，则世界人权之问题也。先生负此重任，须持重也。"德不孤，必有邻"也。

孙 文：诚哉言也！
弟入东京住，欲觅一通汉文及善书写之婢，以代抄写及教日语，可否有其人？

滔 天：婢皆是无有文字者，男或可得欤。

孙 文：男薪水（工价工钱）如何？

滔 天：有文字而在他家者，多是食客的也。不便薪水则食客也。

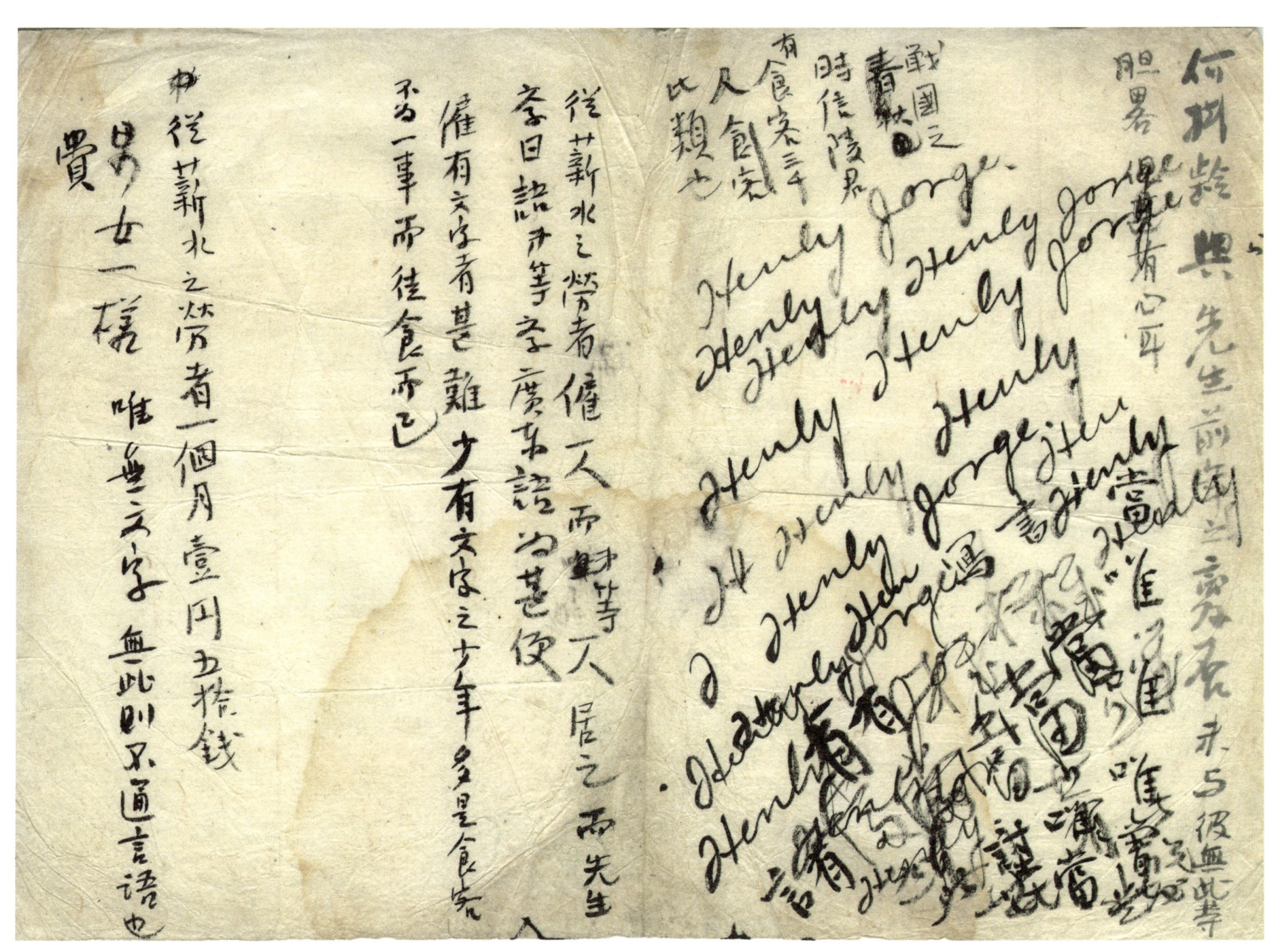

孙中山与宫崎滔天笔谈残稿之五

释读

滔　天：何树龄与先生前年之变否？
孙　文：未与。彼无此等胆略，但甚有心耳。

孙　文：战国之时，信陵君有食客三千人。食客，比类也。
滔　天：从薪水之劳者雇一人，而弟等一人居之。而先生学日语，弟等学广东语，为甚便。
孙　文：雇有文字者甚难。少有文字之少年，多是食客，不为一事而徒食而已。
滔　天：从薪水之劳者，一个月壹円五拾钱，费男女一样。
孙　文：唯无文字，无此则不通言语也。

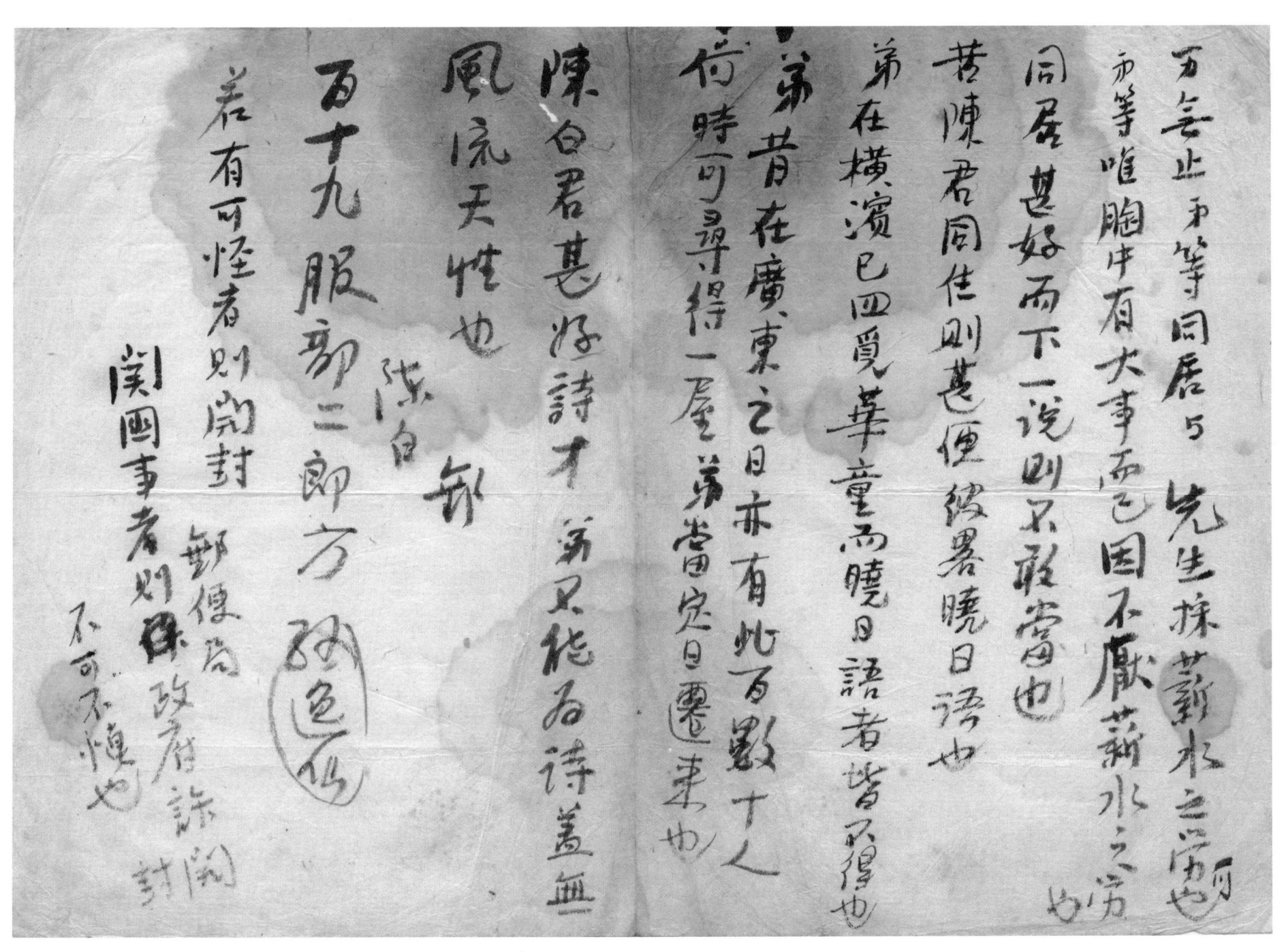

孙中山与宫崎滔天笔谈残稿之六

宫崎滔天家藏民国人物书札手迹（第一卷）

释读

滔　天：万无止弟等同居，与先生采薪水之劳可也。弟等唯胸中有大事而已，因不厌薪水之劳也。

孙　文：同居甚好，而下一说则不敢当也。

　　　　若陈君同住则甚便。彼略晓日语也。弟在横滨巳〔已〕四觅华童而晓日语者，皆不得也。

　　　　弟昔在广东之日，亦有此百数十人。何时可寻得一屋，弟当定日迁来也。

　　　　陈白君甚好诗才。弟不能为诗，盖无风流天性也。

　　　　邮　陈白

　　　　百十九服部二郎方　孙逸仙

滔　天：若有可怪者则开封。关国事者，则邮便局政府许开封。不可不慎也。

就先生旅行券之事，大養、尾崎、犬村三君商議，今清國公使恐先生甚，嚴查其舉動，故先生遠入外地非得策，暫定住京地慎交通來往，使清國公使怒而後待時入內地，今甚不便，唯先生住東京任其自由也

清國有無外交到貴國政府諭及此事，偖未有

自警視廳報告外務省

清公使偵查之事，由何而知

有無在此催偵探窺伺第之行踪

日清戰爭後此類之人甚多，有偵查先生之行跡者亦難測，故雖日人不可安心，大養君甚望先生之注意

大養君言可書函往復尤不可不慎

可吾命警視廳探查，何人受清公使之僱而設法阻之

受清公使之僱而探查者，壹種密之僱，不能其證得

故警視廳亦嚴探查其人雲

故雖知其人不能捕拿之

無阻之法，故警視廳亦嚴探查其人雲

君慮有無清公使使用重賄買人加害之虞

释读

滔　天：就先生旅行券之事，犬养、尾崎、小村三君商议，今清国公使恐先生甚，严侦查其举动，故先生远入内地非得策。暂定住京地，慎交通来往，使清国公使安心。而后宜待时入内地。今甚不便。唯先生住东京任其自由也。

孙　文：清公使侦查之事由何而知？

滔　天：自警视厅报告外务省。

孙　文：清国有无行文到贵国政府论及弟事？

滔　天：犹未有。

孙　文：有无在此雇侦探窥伺弟之行踪？

滔　天：日清战争后，此类之人甚多，有侦查先生之行迹者亦难测。故虽日人不可安心。犬养君甚望先生之注意。犬养君亦曰："书函往复，尤不可不慎。"

孙　文：可否命警视厅探查何人受清公使之雇，而设法阻之？

滔　天：受清公使之雇而探查者，素秘密之雇，不能得其证。故虽知其人，不能捕拿之。无阻之法，故警视厅亦严探查其人而已。

孙　文：君度有无清公使用重贿买人加害之虞？

秘政府幸先先生之所思　先使軍事之人長
賴察彼地情況為作戰計畫是第一二急
務也　此是必然之理　此時贊同同志一人送之可
弟進欲發信上海請梁啟超或其親信一人到此
一致同商大事他敢來與君弟融洽不能料
先生書信歇言不知何事　惟戴大事於書信
之為可慎矣　吾輩口尸有秘語非眉外人所能知
我國改府助先生之事　不言可為可也

自然不言此弟惟言有急務欲見之耳是也
康先生或梁先生此兩人中一人來此地甫富
5先生高諒万事可望如如
康斷又能案他在中國亦未有公然出名此指薪
閥低而信若他來此如大招物議因弟在此如
梁氏或別使也可　弟不過欲細到來報知中國現
在情形耳因圍已兩三年各事已有更
度先生何時回來廣東
康之所行欲學戰國之克谷子多使其閒弟子也

孙中山与宫崎滔天笔谈残稿之八

释读

滔　天：我政府幸允先生之所思，先使长军事之人侦察彼地情况，为作战计画，是第一之急务也。

孙　文：此是必然之理。

滔　天：此时贵国同志一人从之可也。

孙　文：弟近欲发信上海，请梁启超或其亲信一人到此一游，同商大事。他敢来与否，弟尚不能料。

滔　天：先生书信所欲言不知何事？唯载大事于书信之为可慎矣。

孙　文：吾辈另有秘语，非局外人所能知。

滔　天：大可也。我国政府助先生之事，不言为可也。

孙　文：自然不言此。弟惟言有急务，欲见之耳。

滔　天：是也。康先生或梁先生，此两人中一人来此地与先生商议，万事可望也。

孙　文：康断不能来。因他在中国亦未有公然出名，此指新闻纸而言。若他来此，必大招物议，因弟在此也。梁氏或别位已可。弟不过欲彼到来报知中国现在情形耳。因弟离国已有二年，各事已有多变矣。

滔　天：康先生何时回来广东？

孙　文：不知。康之所行，欲学战国之鬼谷子，多使其门弟子出来办事，而彼则隐其名。

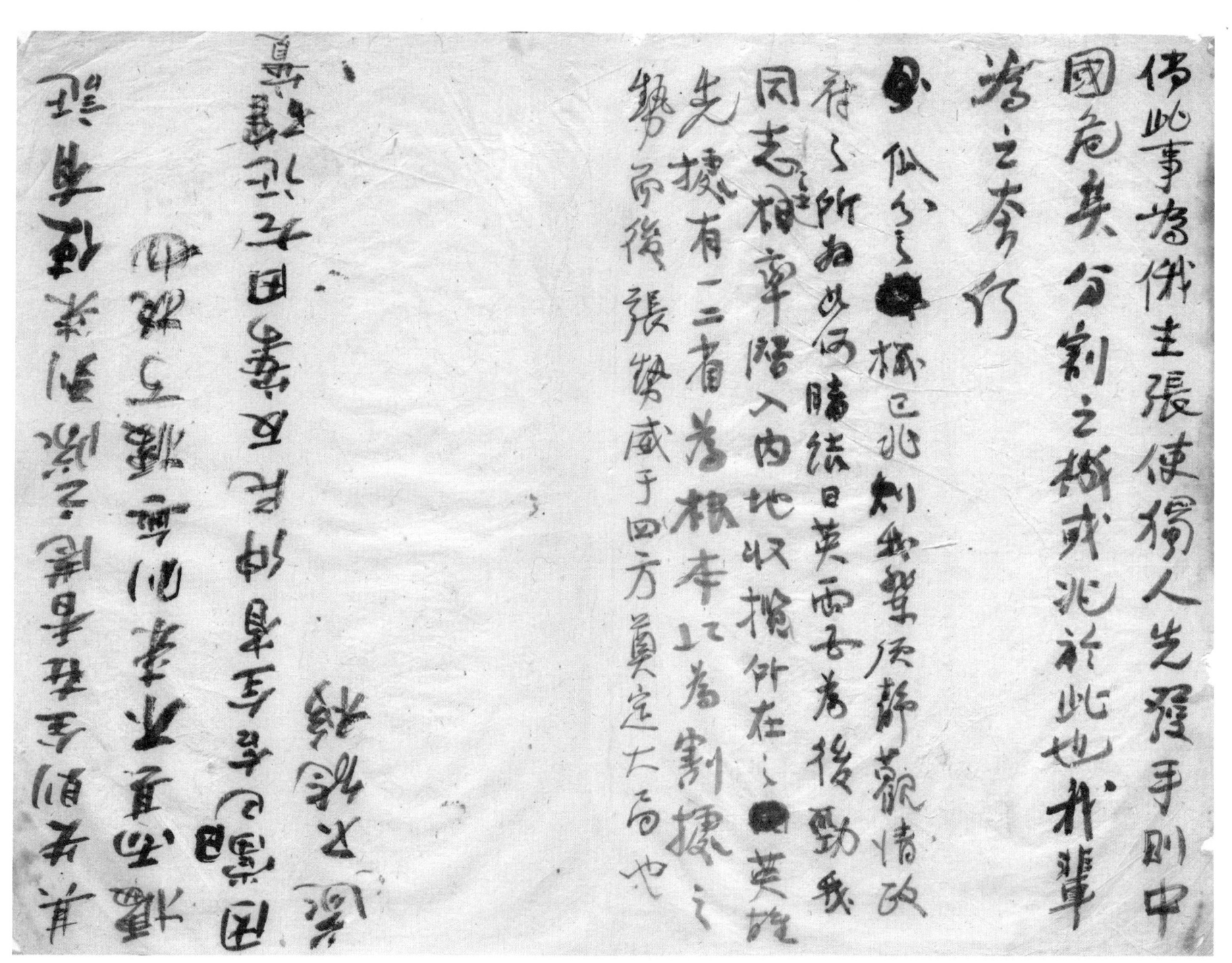

孙中山与宫崎滔天笔谈残稿之九

释读

孙 文：倘此事为俄主张，使独人先发手，则中国危矣。分割之机，或兆于此也。我辈为之奈何？

滔 天：瓜分之机已兆，则我辈须静观清政府之所为如何，暗结日、英两国为后劲。我同志之士相率潜入内地，收揽所在之英雄。先据有一二省为根本，以为割据之势。而后张势威于四方，奠定大局也。

孙 文：其失则全在香港之队到来，使有证据。而其不来，则无据可执也。
　　　　因当日已合全省绅民反案，因左证确实，遂不能移。

且數處齊起者不祇驚動清虜且震撼天下則不祇俄人力任救清之責吾輩亦恐蹈納波倫之覆轍甚歐洲聯盟而制我也蓋貴國維新兩興已大犯歐人之所忌矣中國今欲出貴國之後塵初必不能太露頭角也雖曰不露頭角而事一發則不能瞞歐洲朔眼人之耳目也萬一不幸歐洲有聯之意必先分立名有為自主之國各請歐洲一國為保護以散其盟彼盟一散然後我從而後合之其事以廣東請英保護廣西請法德保護福建請德保護兩湖四川中原發獨立之國法德保兩湖四川中原時俄已入我圈套別必自解其與俄之從然後我得以利咬之便專拒俄戒聯東西戰一大從以壓制向之志俄勢孤我可優游以圖治內恰一定則一中華衡天下矣此每一人之見也匹夫不以為如何

释读

孙 文：且数处齐起者，不只惊动清房，且震恐天下。则不只俄人力任救清之责，吾辈亦恐蹈纳波伦之履〔覆〕辙，惹欧洲联盟而制我也。盖贵国维新而兴，已大犯欧人之所忌矣。中国今欲步贵国之后尘，初必不能太露头角也。

滔 天：虽曰不露头角，而事一发，则不能瞒欧洲明眼人之耳目也。

孙 文：万一不幸欧洲有联〈盟〉之举，鄙意必先分立各省为自主之国，各请欧洲一国为保护，以散其盟。彼盟一散，然后我从而复合之。其法以广东请英保护，广西请法保护，福建请德保护，两湖、四川、中原为独立之国。法、德一入我圈套，则必自解其与俄之从。然后我得以利啖之，使专拒俄，或联东西成一大从，以压俄人东向之志。俄势一孤，我可优游以图治。内治一定，则以一中华亦足以衡天下矣。此余一人之见也，足下以为如何？

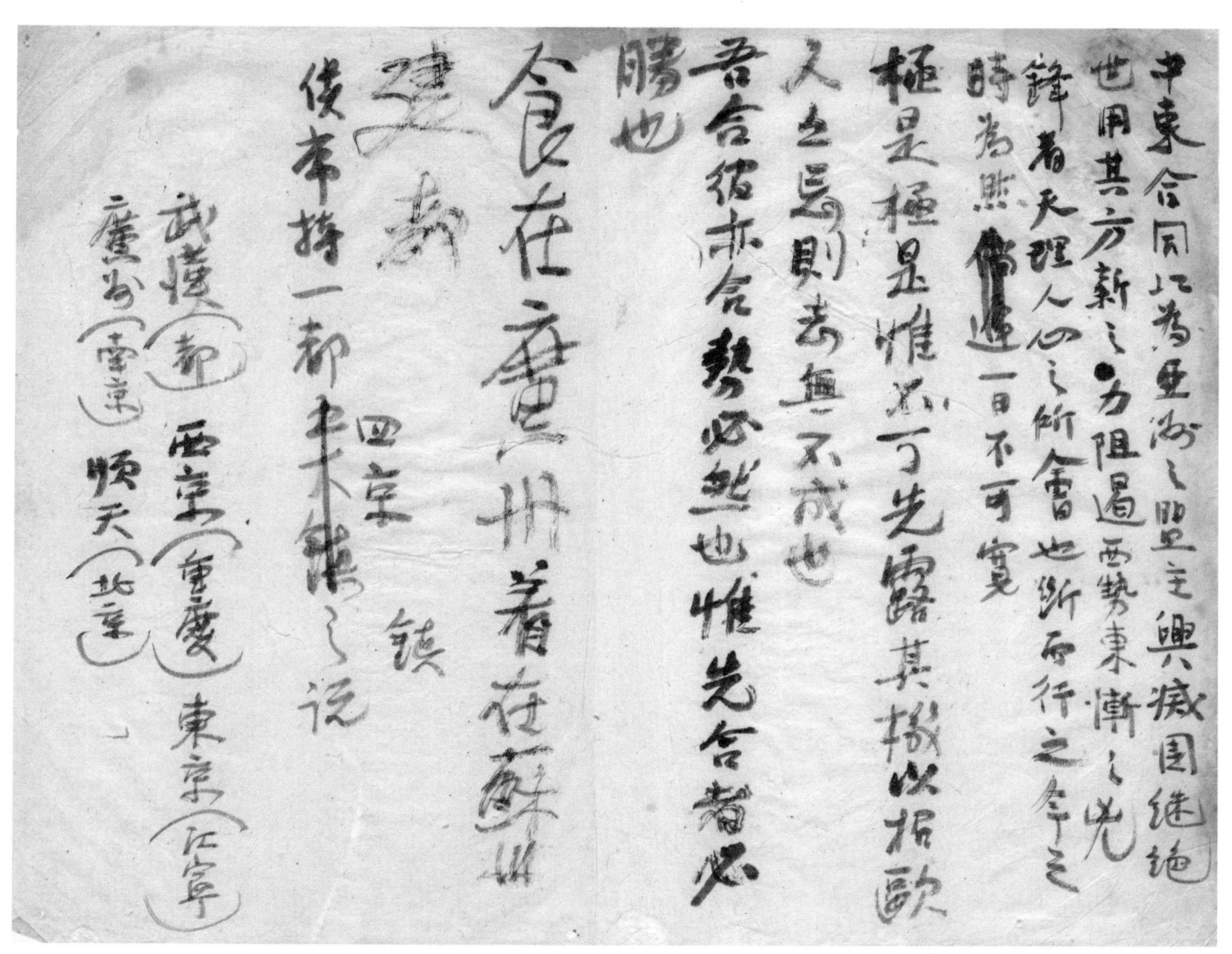

孙中山与宫崎滔天笔谈残稿之十一

释读

滔 天：中东合同，以为亚洲之盟主。兴灭国，继绝世。用其方新之力，阻遏西势东惭〔渐〕之凶锋者，天理人心之所会也。断而行之，今之时为然，一日不可宽。

孙 文：极是，极是。惟不可先露其机，以招欧人之忌，则志无不成也。
吾合彼亦合，势必然也。惟先合者必胜也。

孙 文：食在广州，着在苏州。建都，仆常持一都四京之说：武汉（都），西京（重庆），东京（江宁），广州（南京），顺天（北京）。

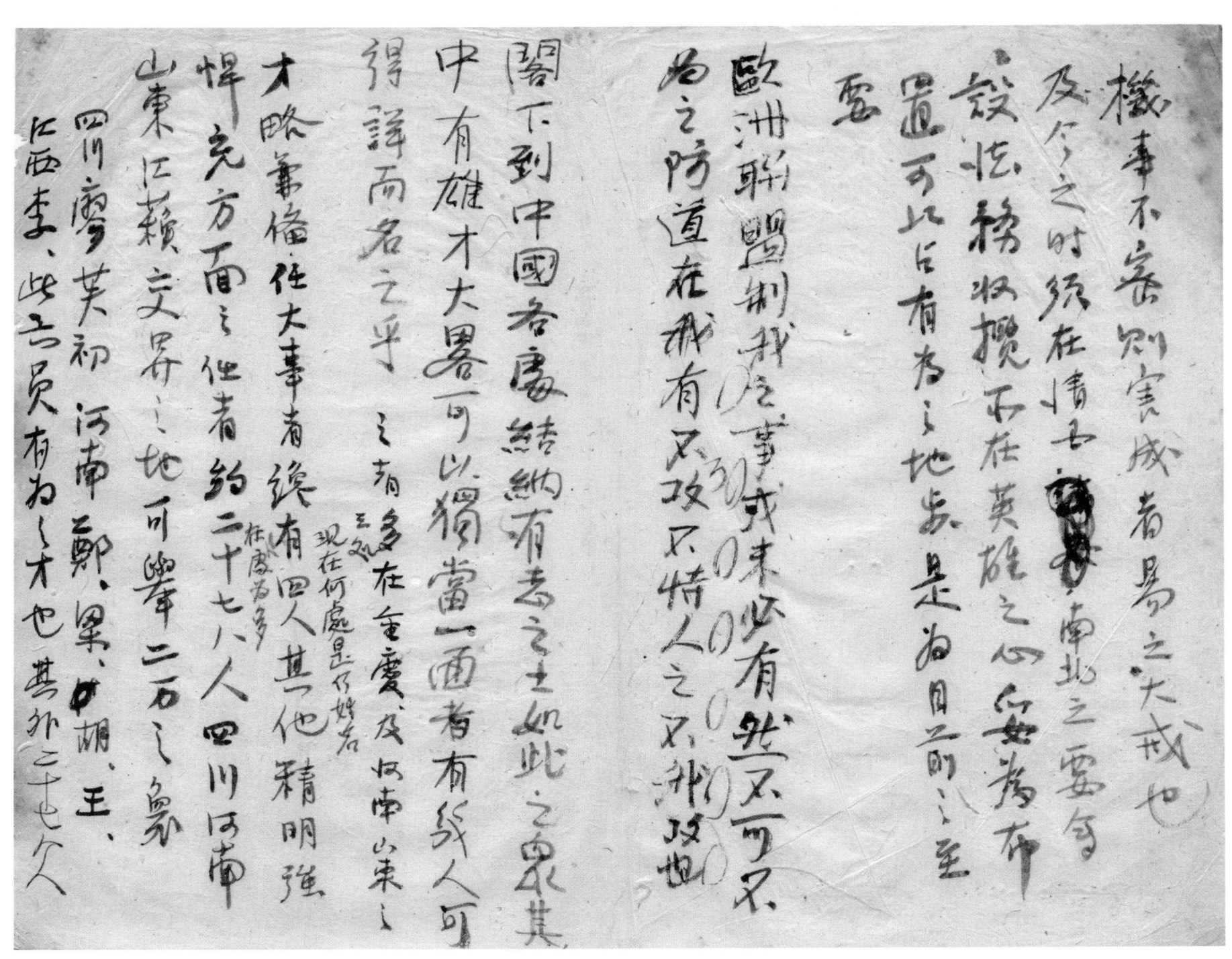

孙中山与宫崎滔天笔谈残稿之十二

宫崎滔天家藏民国人物书札手迹（第一卷）

释读

滔　天："机事不密则害成"者，《易》之大戒也。及今之时，须在清国南北之要会设法，务收揽所在英雄之心，妥为布置，可以占有为之地步。是为目前之至要。

孙　文：欧洲联盟制我之事，或未必有，然不可不为之防。道在我有不可攻，不恃人之不我攻也。

　　　　阁下到中国各处，结纳有志之士如此之众，其中有雄才大略、可以独当一面者有几人？可得详而名之乎？

滔　天：之者多在重庆及河南、山东之三处。

孙　文：现在何处？是何姓名？

滔　天：才略兼备任大事者才有四人，其他精明强悍充方面之任者，约二十七八人。

孙　文：在何处为多？

滔　天：四川、河南、山东、江苏交界之地，可举二万之众。

　　　　四川廖英初，河南郑、梁、胡、王，江西李，此六员有为之才也。其外二十七八人。

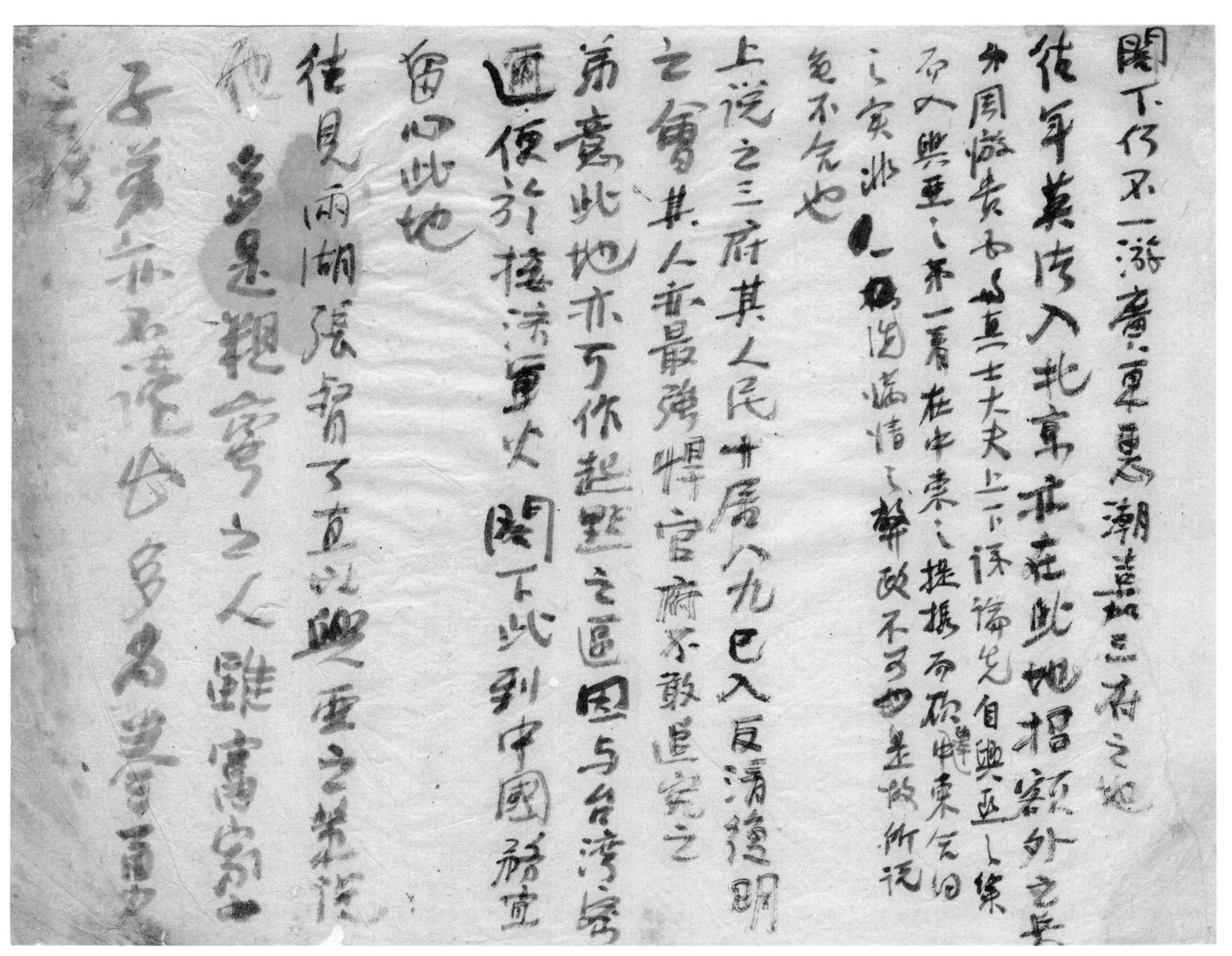

孙中山与宫崎滔天笔谈残稿之十三

释读

孙 文：阁下何不一游广东惠、潮、嘉三府之地？
　　　　往年英、法入北京，亦在此地招额外之兵。
滔 天：弟周游贵国，与真士大夫上下议论，先自兴亚之策而入。兴亚之第一着，在中东之提携。而欲举中东合同之实，非一洗满清之弊政不可。是故所说无不合也。
孙 文：上说之三府，其人民十居八九巳〔已〕入反清复明之会。其人亦最强悍，官府不敢追究之。弟意此地亦可作起点之区，因与台湾密迩，便于接济军火。阁下此到中国，务宜留心此地。
　　　　往见两湖张督，可直以兴亚之策说他。多是粗蛮之人。虽富家子弟，亦不读书，多尚拳勇之徒。

閣下匯款再往中國弟竟以為不必泛多，祇宜徒一匪海口之處聯絡同志為發難之處可以蓋弟竟所知者今日有是去者到處皆是，惟不敢言而矣是以吾輩不憂無同志，祇憂不能發一起點而矣有一起點即如置一星之火於枯木之山矣不必慮其不焚也，惜此起點之地閣下以為最善前者弟以廣東為最善因人地合宜也在廣地同之內必了[隻]山林慓悍之徒三四十萬但有前年之失當地之官已驚弓之鳥到處提防我輩，舉動較前尤難矣是廣東者今日非善舉之地也，只先擇定[城]無由定經畧之策也，運是以四川為員嶠之地在張相翼中湘楚涂傑，如而不但四川及正海口接濟軍火仍難為之崇也

释读

孙 文：阁下迟数日再往中国。弟意以为不必泛到多处，只宜往一近海口之处，联络同志为发轫之处可以〔矣〕。盖以弟意所知者，今日有是志者到处皆是，惟不敢言而矣〔已〕。是以吾辈不忧无同志，只恐不能发一起点而矣〔已〕。有一起点，即如置一星之火于枯木之山矣，不必虑其不焚也。

惟此起点之地，阁下以何为最善？前者弟以广东为最善，因人地合宜也。在广地，一月之内必可集山林慓悍之徒三四十万。但有前年之失，当地之官已如惊弓之鸟，到处提防，我辈举动较前略难矣。是广东者，今日非善矣。不先择定一地，则无由定经略之策也。

滔 天：还是以四川为负嵎之地，在〔再〕张羽翼于湘、楚、汴梁之郊而耳。

孙 文：但四川不近海口，接济军火为难，为之奈何？

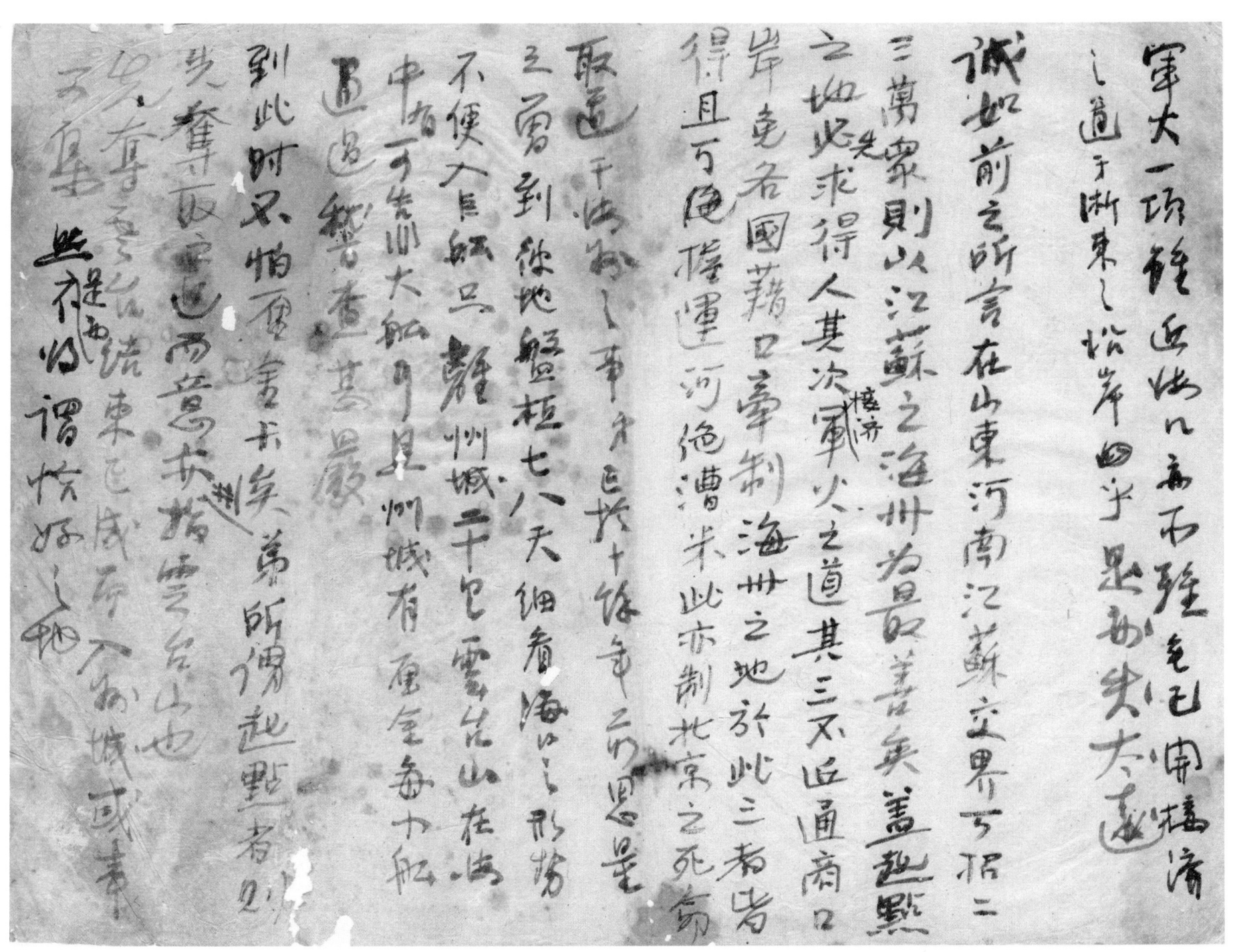

孙中山与宫崎滔天笔谈残稿之十五

释读

滔　天：军火一项，虽近海口亦所难。无已，开接济之道于浙东之沿岸乎？是亦失太远。

孙　文：诚如前之所言，在山东、河南、江苏交界可招二三万众，则以江苏之海州为最善矣。盖起点之地，必先求得人；其次接济军火之道；其三不近通商口岸，免各国借口牵制。海州之地于此三者皆得，且可握运河、绝漕米，此亦制北京之死命。

滔　天：取道于海州之事，弟已于十余年前思量之。曾到彼地盘桓七八天，细看海口之形势，不便入巨船只。离州城二十里云台山，在海中有可靠大船耳。且州城有厘金〈卡〉，每小船通过，稽查甚严。

孙　文：到此时不怕厘金卡矣。弟所谓起点者，则先夺取之也，而意亦并指云台山也。

　　　　先夺云台，结束已成；而入州城，或事可集〔济〕。

滔　天：然是亦不得谓恰好之地。

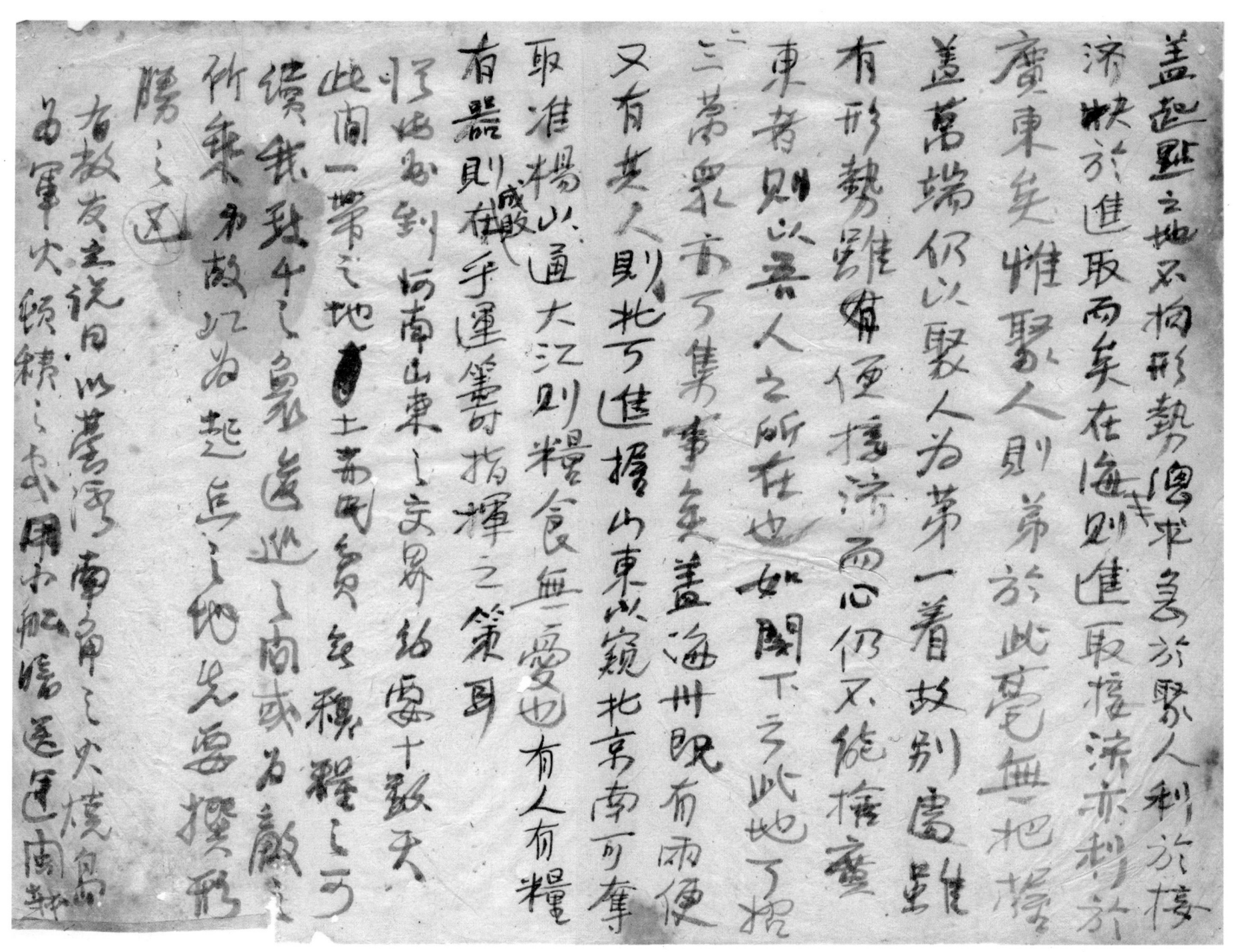

孙中山与宫崎滔天笔谈残稿之十六

释读

孙 文：盖起点之地，不拘形势，总求急于聚人、利于接济、快于进取而矣〔已〕。在海州，则进取、接济亦利于广东矣。惟聚人，则弟于此毫无把握。盖万端仍以聚人为第一着。故别处虽有形势、虽便接济，而心仍不能舍广东者，则以吾人之所在也。如阁下云，此地可招二三万众，亦可集事矣。盖海州既有两便，又有其人，则北可进握山东以窥北京，南可夺取准杨〔淮扬〕以通大江，则粮食无忧也。有人、有粮、有器，则成败在乎运筹指挥之策耳。

滔 天：从海州到河南、山东之交界，约要十数天。此间一带之地，土赤民贫，无糇粮之可续。我数千之众，逡巡之间，或为敌之所乘。弟故以为起点之地，先要撰〔选〕形胜之区。

有敝友立说曰："以台湾南角之火烧岛为军火顿〔屯〕积之处，用小船暗送运闽越（续下页）

悔之遲、事此說似可行、此說頗有理、惟以小船運馬有絕奪之虞、明小船運送者、誘人之指目也、雖然但小船不能與厚卡抗衡、故不穩也

第之意獨有一策、欲在外集人千數、俱足軍火、暗入中國龔襲、奪一大名城、一出則用小船運軍火、方充用、必用大船作一起赤到方、若小船既分百數、次則先到者已憊、而在後者亦不能助、而不能知如、

小船運軍火之法、廣東前年之事則用之也、甚有成效、運過數十次、閣下毫無知覺、後用大汽船所運者反被搜出、雖些小船前則布效、今必不能用矣、因彼已知所防也、輩有前車

閣下所言小船之弊、亦甚是也、可知英雄所見署同惟弟

释读

（接上页）

之海口，可以开接济之道。"此说以为如何？

孙　文：此说颇有理。惟以小船送运，恐有绝〔劫〕夺之虞。

滔　天：用小船送运者，避人之指〔耳〕目也。

孙　文：虽然，但小船不能与厘卡抗衡，故不稳也。

弟之意独有一策：欲在外集人千数，备足军火，暗入中国，袭夺一大名城。

滔　天：入此则用小船，送运军火亦可充用。

孙　文：必用大船，作一起齐到方可。若小船，必分百数次。则先到者已擒，而在后者亦不能助，而不能知也。小船运军火之法，广东前年之事则用之也，甚有成效。运过数十次，关卡毫无知觉。后用大汽船所运者，反被搜出。虽然，小船前则有效，今必不能用矣。因彼已知所防也。

阁下所言小船之法亦甚是也。可知英雄所见略同，惟余辈有前失耳。

當時第已領一千二百壯士進好內城已足毀要後有人止之謂此內數又足彈壓亂民恐有劫掠之虞後再向潮州調潮人三千若為彈壓地方候至初九仍未見列右人會議定築改期是午後二時發電下陸止二隊人員不料錢頭目無決斷至四時仍任六百之眾赴廣船雨來我在城之眾於九日午已散入內地兩港隊於十日早到城已雨不相值遂當時在粵城有安勇三千又有薺樓被搶五十餘人撫標右營之兵已有意一起事時鄉降附飛索及在廣河之水師兵輪亦然後失事兵輪統帶被囚安勇統帶自縊

孫中山與宮崎滔天筆談殘稿之十八

释读

孙 文：当时弟已领千二百壮士，九月一日进了内城，已足发手。后有人止之，谓此数不足弹压乱民，恐有劫掠之虞。后再向潮州调潮人三千名，为弹压地方。候至初九，仍未见到。各人会议，定策改期。是午后二时，发电下港，止二队人不来。不料该头目无决断，至四时仍任六百之众赴夜船而来。我在城之众于九日午已散入内地，而港队于十日早到城，已两不相值，遂被擒五十余人。

当时在粤城有安勇三千人，有督标、抚标各营之兵，已有意一起事时即降附我众，及在广河之水师兵轮亦然。后失事，兵轮统带被囚，安勇统带自缢。

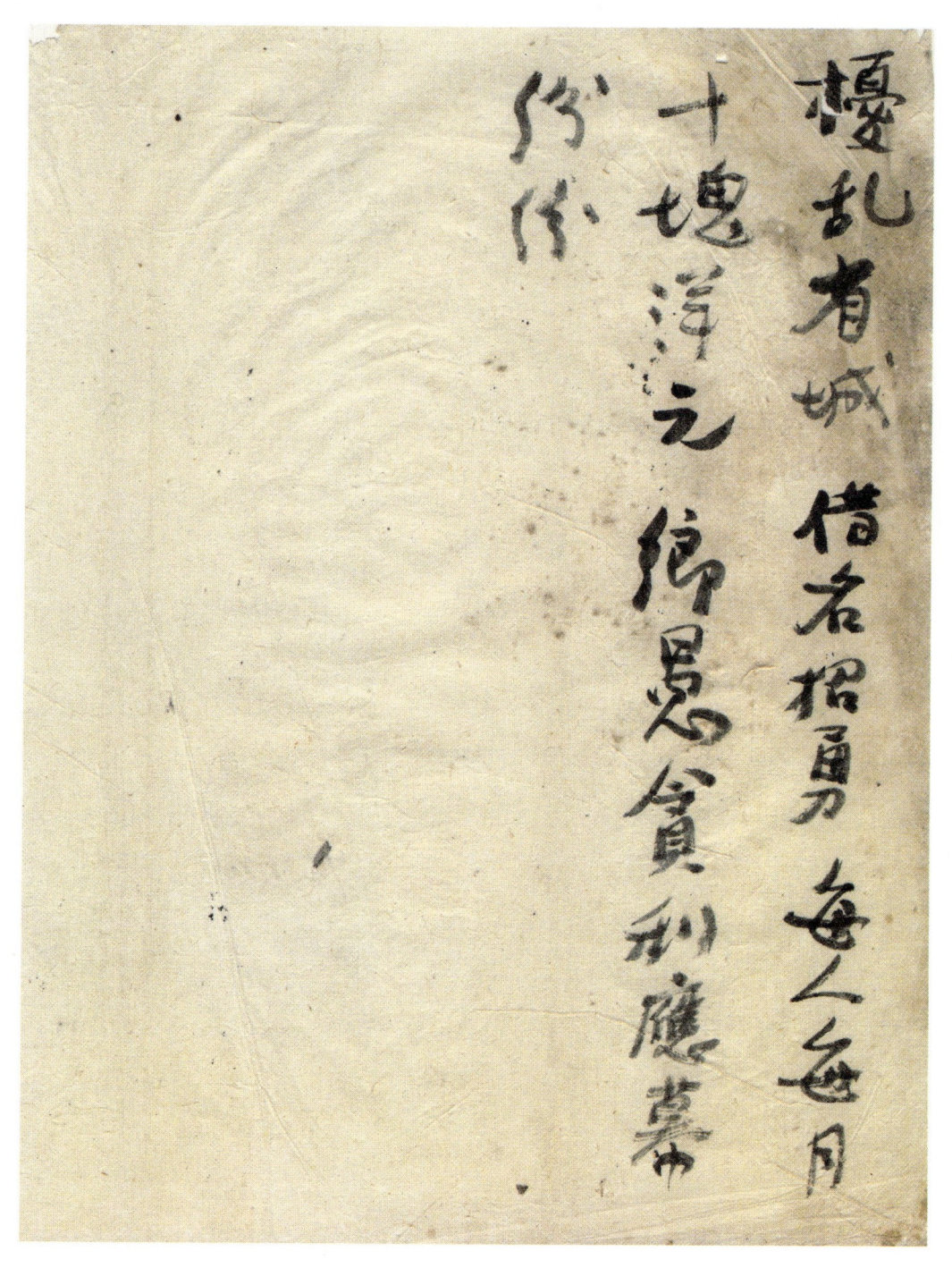

扰乱省城，借名招勇，每人每月十块洋元，总愚贫利隐募而行伙。

孙中山与宫崎滔天笔谈残稿之十九

释读

孙 文：扰乱省城，借名招勇，每人每月十块洋元。乡愚贪利，应募纷纷。

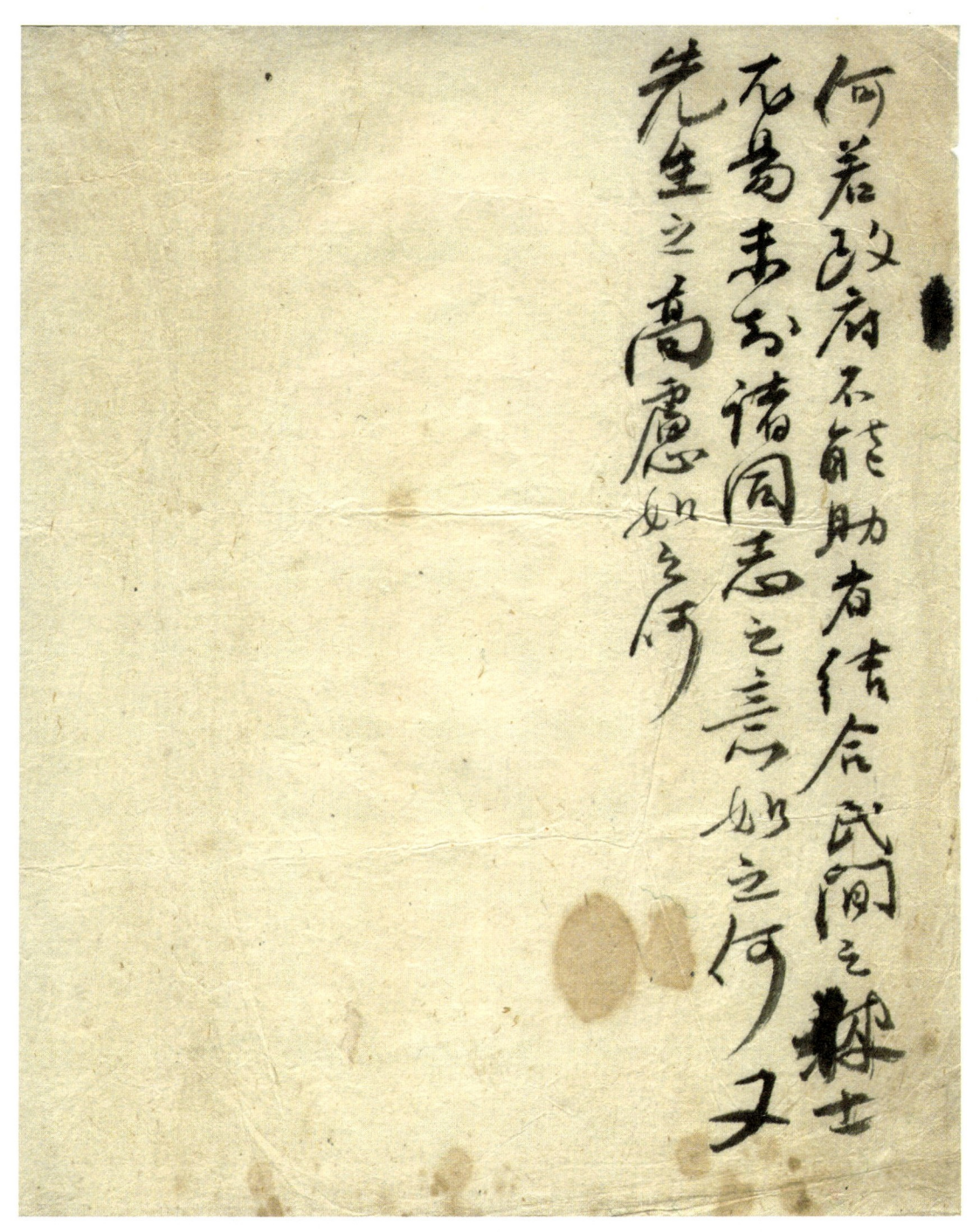

何若政府不能助有结合民间之豪士
不易卒办诸同志之言如之何
先生之高虑如之何

孙中山与宫崎滔天笔谈残稿之二十

释读

滔 天：何若政府不能助者，结合民间之侠士尤易。未知诸同志之意如之何？又先生之高虑如之何？

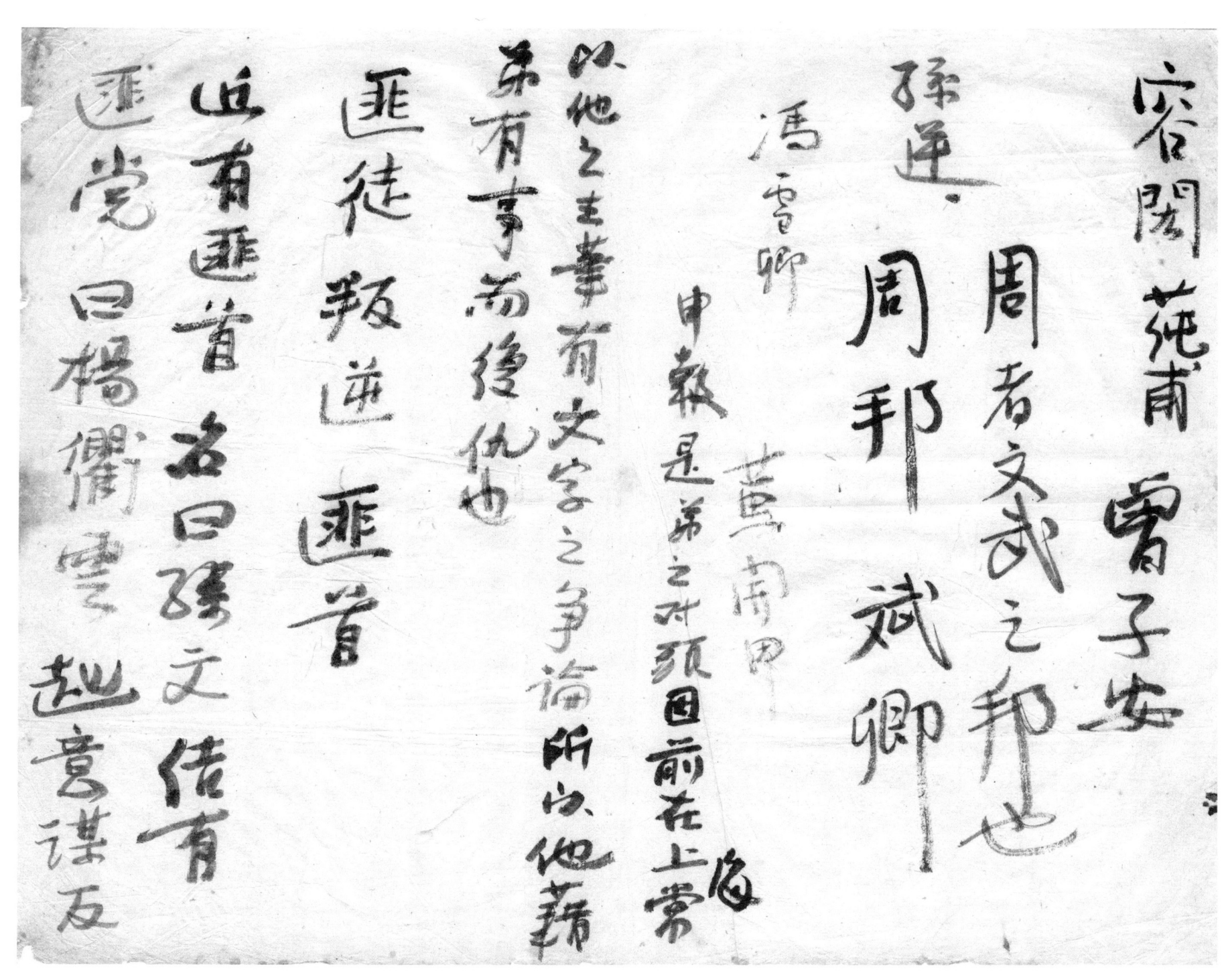

孙中山与宫崎滔天笔谈残稿之二十一

释读

容闳 莼甫 曾子安
孙逆
周者文武之邦也 周邦 斌卿 冯雪卿 黄开甲
孙文：《申报》是弟之对头。因前在上海，常以〔与〕他之主笔有文字之争论。所以他藉弟有事而复仇也。
匪徒 叛逆 匪首
"近有匪首，名曰孙文，结有匪党，曰杨衢云，起意谋反。"

二、孙中山等与宫崎滔天的信函

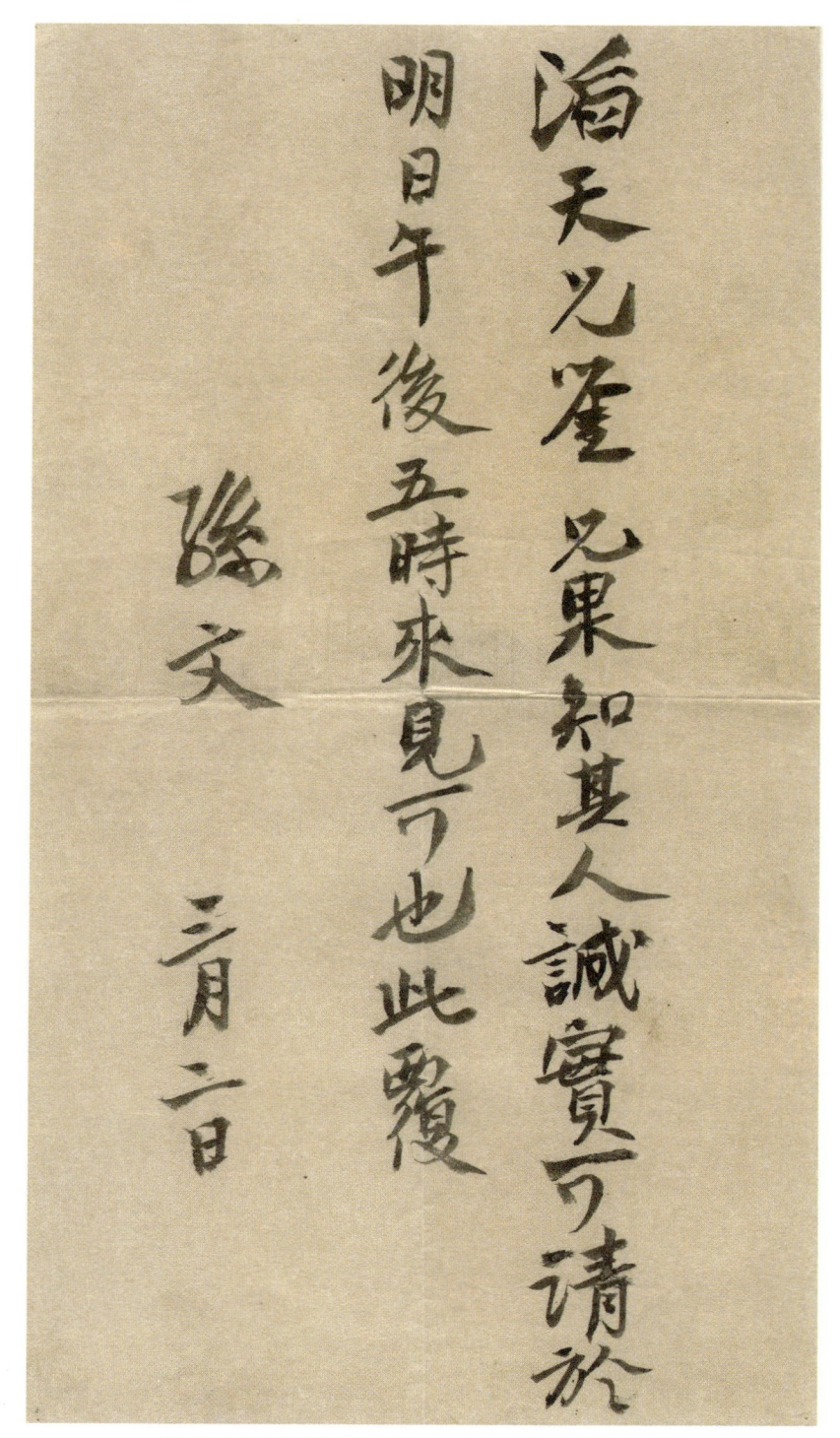

孙中山致宫崎滔天函（1899年3月2日）

宫崎滔天家藏民国人物书札手迹（第一卷）

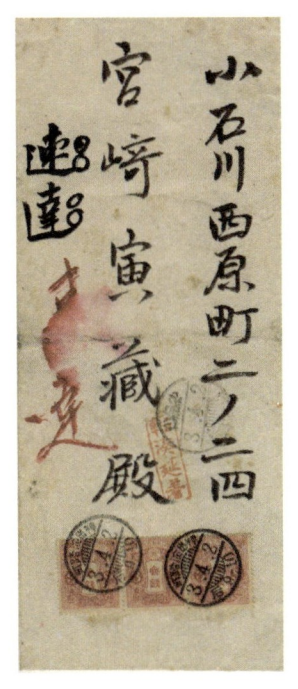

释读

滔天兄鉴：

　　兄果知其人诚实，可请于明日午后五时来见可也。此复
　　　　　　　　　孙文
　　　　　　　　　三月二日

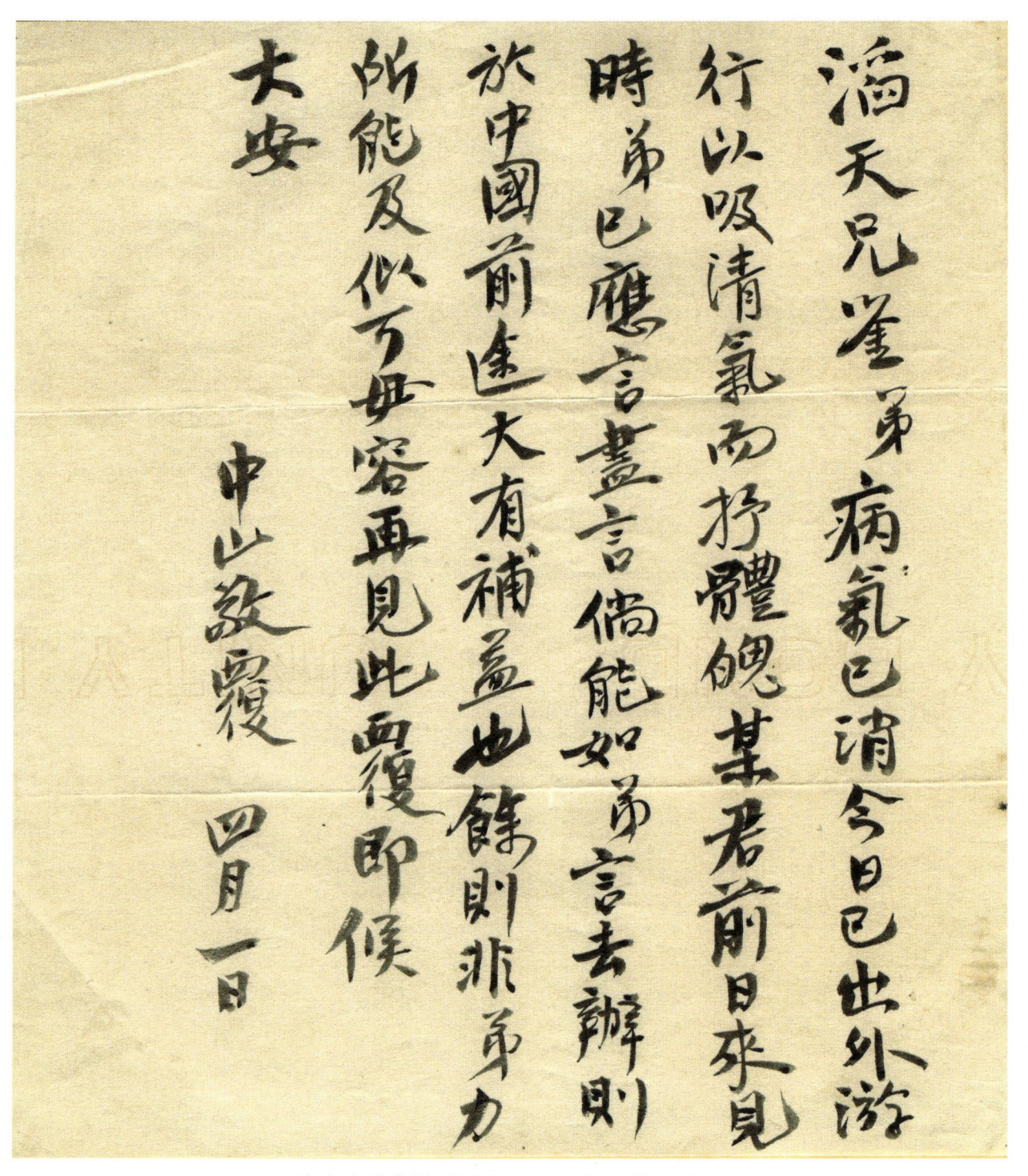

孙中山致宫崎滔天函（1899年4月1日）

宫崎滔天家藏民国人物书札手迹（第一卷）

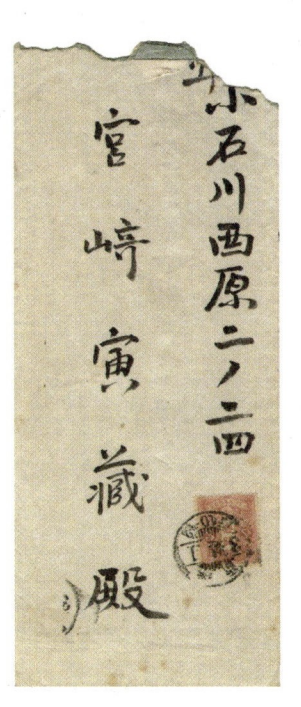

释读

滔天兄鉴：

　　弟病气已消，今日已出外游行，以吸清气而抒体魄。某君前日来见时，弟已应言尽言。倘能如弟言去办，则于中国前途大有补益也。余则非弟力所能及，似可毋容再见。此复　即候

大安

　　　　　　　　　　　　　　　　　　　　　　　　中山敬复

　　　　　　　　　　　　　　　　　　　　　　　　四月一日

宮崎先生夫人足下日前寄英國之書久已收讀欣聞各弟前次匯之不荅盖因早欲東歸諸事擬作面談也不期旅資告之阻滞竟途欲行不得遂至久留至於今尚未定於六月十二日從佛國馬些港乘Tonkin號佛郵船由東過南洋之日或少作勾留未定若則必於七月十九日可以到横濱矣想見在迩不日可後與先生低掌而談天下大事也謹此先布幸少待焉餘容面述即候

大安不一

六月四日寫於佛亨巴黎旅館

各同志並初間好弟中山謹啓

孙中山致宫崎滔天函（1905年6月4日）

释读

宫崎先生大人足下：

日前寄英国之书，久已收读，欣闻各节。所以迟迟不答，盖因早欲东归，诸事拟作面谈也。不期旅资告乏，阻滞穷途，欲行不得，遂致久留至于今也。

兹定于六月十一日从佛国马些港乘Tonkin号佛邮船回东。过南洋之日，或少作勾留未定。否则，必于七月十九日可以到横滨矣。相见在迩，不日可复与先生低〔抵〕掌而谈天下大事也。谨此先布，幸少待焉。余容面述。即候

大安不一

六月四日写于佛京巴黎旅馆

弟中山谨启

各同志并祈问好

宫崎先生足下：久未作書，以事方進行無以告慰也。萱野君歸國，把晤當可暢談一切。近日西軍已發，一舉破防城縣，眾數千人，極得民心，現已全軍北趨，以取南甯。黃君興亦於同方面結合得一新勢力，此時尚待重俟機乃一發，則兩軍合併廣西不難定也。南來善意，經營數月，捐得此結果，此軍初起而勢力甚固，地信甚穩，專俟一取南甯，則革命軍之基礎已成。廣東長江等卻皆應之師，相繼而起，革命之大功成矣。

現鄙弟款急，籌委軍餉、軍械、外交等事，貽入內督師一舉。頃接日本之運動，甯在東京的曾沰呈下謙讓固辭，及弟赴東京後，囑軍平山、北、和田、諸人與足下銜突費時，弗盡以為諒人書見不合，非有去故故拒來書所述。欲得全權加理之事，處平山北和田等既挨意不發，和故第五十四號函中有「於各人才力所及之範圍內，無不贊為第之所不及料。非惟無以維持圖謀之精神，足下全權辦理。而願公養為第之所不及料，非惟無以維持圖謀之精神，

释读

宫崎先生足下：

久未作书，以事方进行，无以告慰也。萱野君归国把晤，当可畅谈一切。

近日西军已发，一举破防城县，众数千人，极得民心。现已全军北趋，以取南宁。黄君兴于同方面，结合得一新势力，此时尚持重，俟机乃发。如一发则两军合并，广西不难定也。南来苦意经营数月，始得此结果。此军初起，而势力甚固，地位甚稳。专俟一取南宁，则革命军之基础已成。广东、长江等响应之师相继而起，事可大有为也。现时弟欲急筹妥军饷、军械、外交等事，始入内督师。

关于日本之运动，弟在东京时曾托足下全权办理，而足下谦让固辞。及弟去东京后，闻平山、北、和田诸人与足下冲突。当时弟意以为诸人意见不合，非有大故。故于来书所述欲得全权办理之事，虑平山、北、和田等既挟意见，不能和衷，故第五十四号函中有"于各人才力所及之范围内，各有全权"之语。不料平山、北、和田等不顾公义，为弟之所不及料。非惟无以维持团体之精神，（续下页）

增進國體之勢方且立言啟破壞國體將日本人的方面破壞者余所且進而侵入內部毀破舍為之風矣前託萱野君同圖機械興

足下謀議事已垂成而機洩於此數人之舉法之舉動公眾之嘉也甲以俊不復信任此數人其關於台灣之運動當託

足下全權辦理宜秘密行事不特平山、北和田數子不可使之聞知即本部中人及民報社中人無不必興

三商議專託

足下一人力任其難如有所商酌可直接西電即處其在日本之助力以犬養毅君為最適宜今僅一

函投犬養毅君新印轉交相與謀議況時最

急者為軍械兩大宗望善為籌畫以相

接濟欽州海面已為吾黨勢力所及輸運軍

械較前容易矣乞此奉託即訂

候安茅廬文謹啟

萱野君熱心到東新轉告西軍已發東軍之事

當速行舉止此為佳

八十八號

九月十三日

释读

（接上页）

增进团体之势力，且立意欲破坏团体。既将日本人的方面破坏无余，且进而侵入内部，几致全局为之瓦解。前托萱野君回国购械，与足下谋议。事已垂成，而机泄于此数人之手。凡此皆不法之举动、公义之蠹也。弟以后不复信任此数人。其关于日本之运动，当托足下全权办理。宜秘密行事，不特平山、北、和田数子不可使之闻知，即本部中人及《民报》社中人亦不必与之商议。专托足下一人力任其难。如有所商酌，可直接函电弟处。其在日本之助力，以犬养毅君为最适宜。今缮一函致犬养毅君，祈即转交，相与谋议。现时最急者为军饷、军械两大宗，望悉力筹画，以相接济。钦州海面已为吾党势力所及，输运军械较前容易矣。专此奉托。即请

侠安

                 弟孙文谨启

                 八十八号

                 九月十三日

  萱野君想已到东。祈转告西军已发，东军之事望速经营，至以为望。

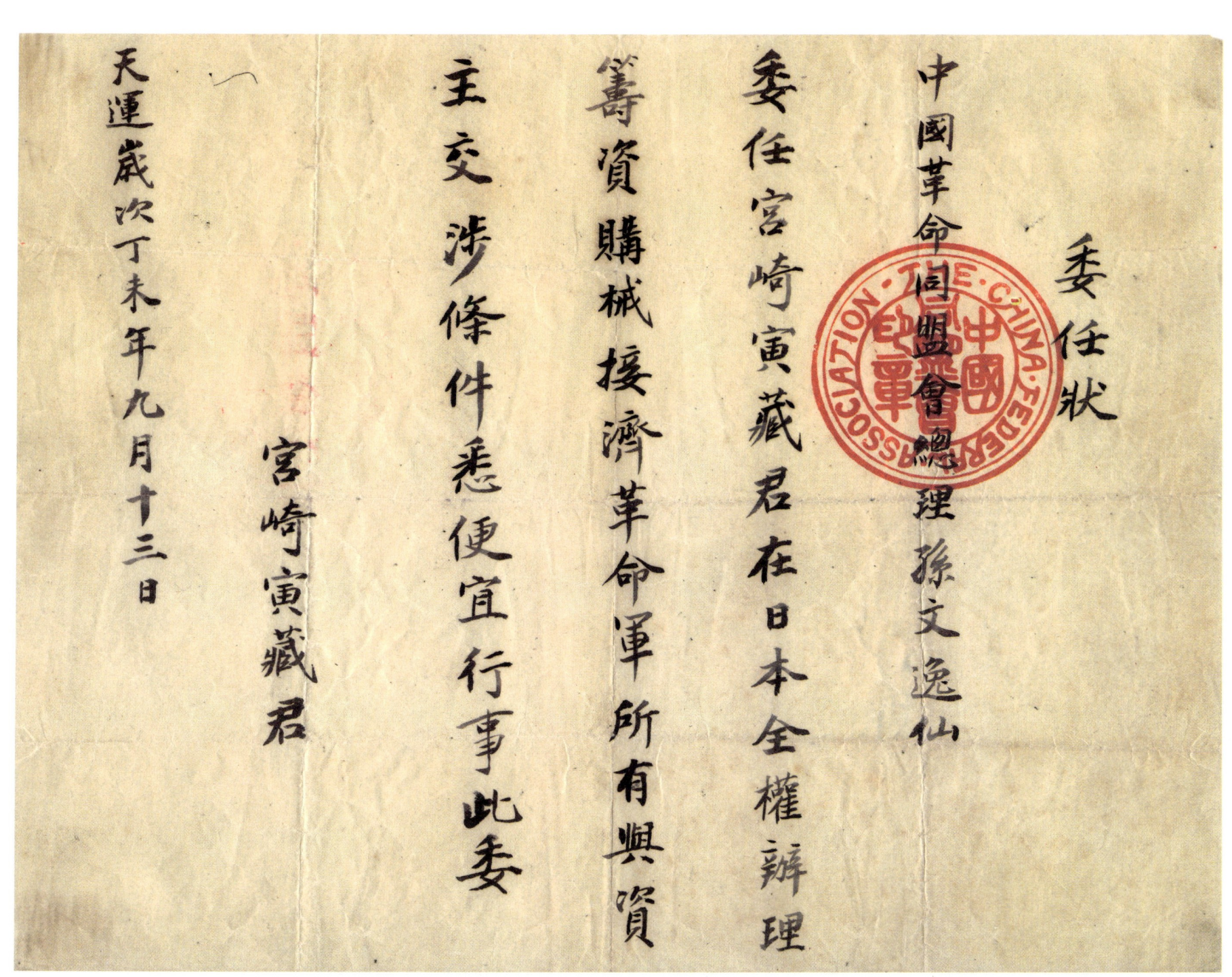

孙中山签发的中国同盟会给宫崎滔天的委任状（1907年9月13日）

释读

委任状

中国革命同盟会总理孙文逸仙

　　委任宫崎寅藏君在日本全权办理筹资购械接济革命军。所有与资主交涉条件，悉便宜行事。此委
宫崎寅藏君

天运岁次丁未年九月十三日

滔天先生足下：久未通問，夢想為勞。比克強兄來書述足下近況窮困非常，然而毅然欲賻足下。足下反迎頭痛擊之，克兄謂足下為血性男子固窮不濫，廉節可風，要弟作書慰謝。弟素知此種行為固是足下天性無足為異，然足下為他人國事堅貞自操歎若儔當吾人自問慚愧何如。弟以此事宣之同志人人皆為感奮勵則此足下天性流露之微人皆有造於吾人多矣，弟安能已於言佩謝耶。自足下握別之後事處萬端，革命軍曾於防城南關河口三舉皆未能一達目的，無非財力之不逮布置之未周，故自河口以後

释读

滔天先生足下：

久未通问，梦想为劳。比接克强兄来书，述足下近况穷困非常。然而，警吏欲贿足下，足下反迎头痛击之。克兄谓足下为血性男子，固穷不滥，廉节可风，要弟作书慰谢。弟素知此种行为固是足下天性，无足为异。然足下为他人国事，坚贞自操，艰苦备尝如此。吾人自问，惭愧何如！弟以此事宣之同志，人人皆为感激奋励。则此足下天性流露之微，已有造于吾人多矣。弟安能已于言佩谢耶！

自与足下握别之后，事变万端。革命军曾于防城、南关、河口三举，皆未能一达目的。无非财力之不逮，布置之未周。故自河口以后，

（续下页）

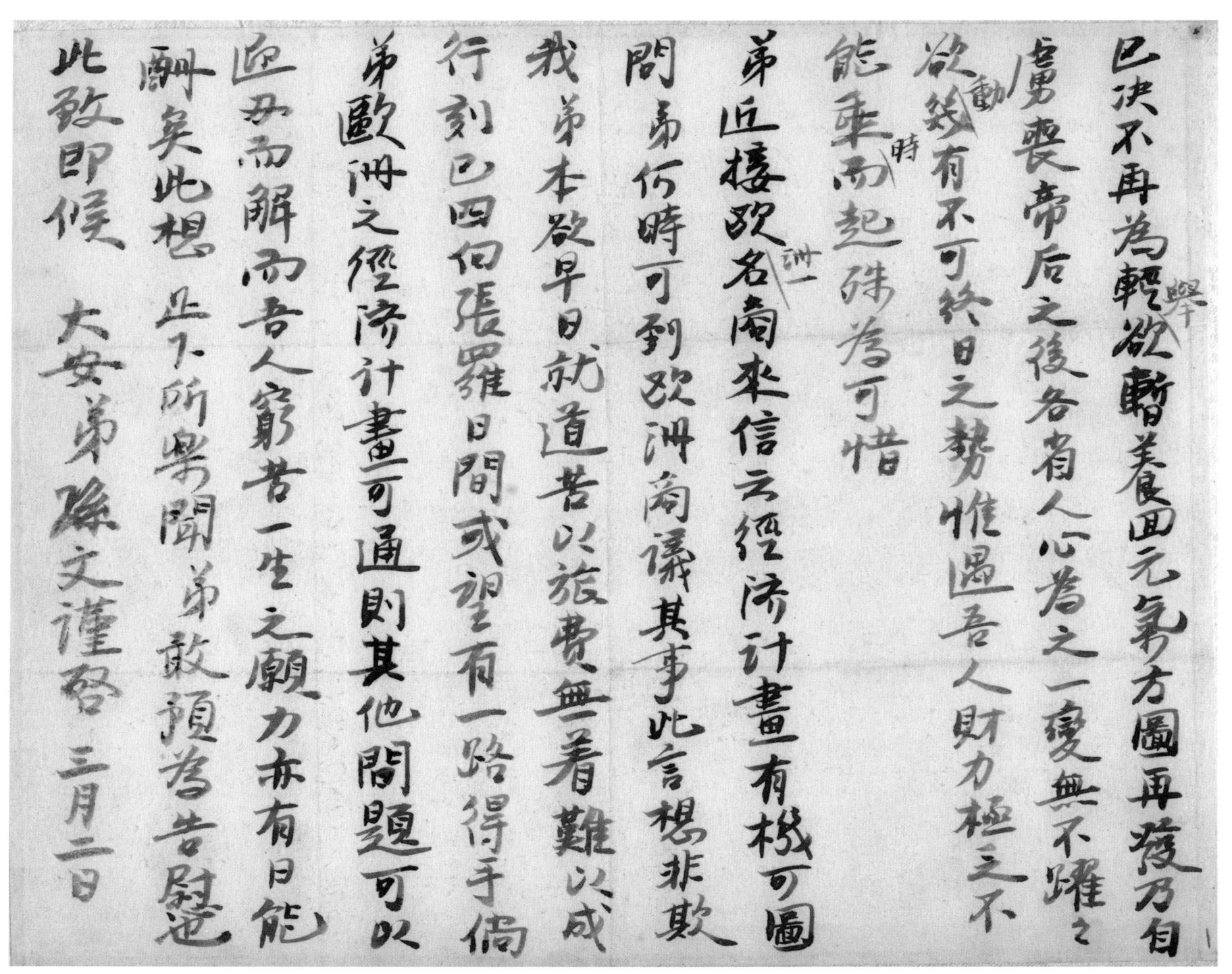

孙中山致宫崎滔天函（1909年3月2日）（二）

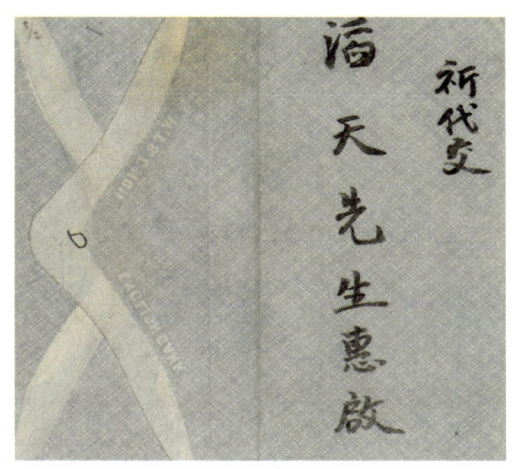

释读

（接上页）

已〔已〕决不再为轻举。欲暂养回元气，方图再发。乃自虏丧帝、后之后，各省人心为之一变，无不跃跃欲动，几有不可终日之势。惟遇吾人财力极乏，不能乘时而起。殊为可惜！

　　弟近接欧洲一名商来信云，经济计画有机可图，问弟何时可到欧洲商议其事。此言想非欺我。弟本欲早日就道，苦以旅费无着，难以成行。刻已四向张罗，日间或望有一路得手。倘弟欧洲之经济计画可通，则其他问题可以迎刃而解。而吾人穷苦一生之愿力，亦有日能酬矣。此想足下所乐闻，弟敢预为告慰也。此致　即候

大安

　　　　　　　　　　　　　　　　　　　　　　弟孙文谨启
　　　　　　　　　　　　　　　　　　　　　　三月二日

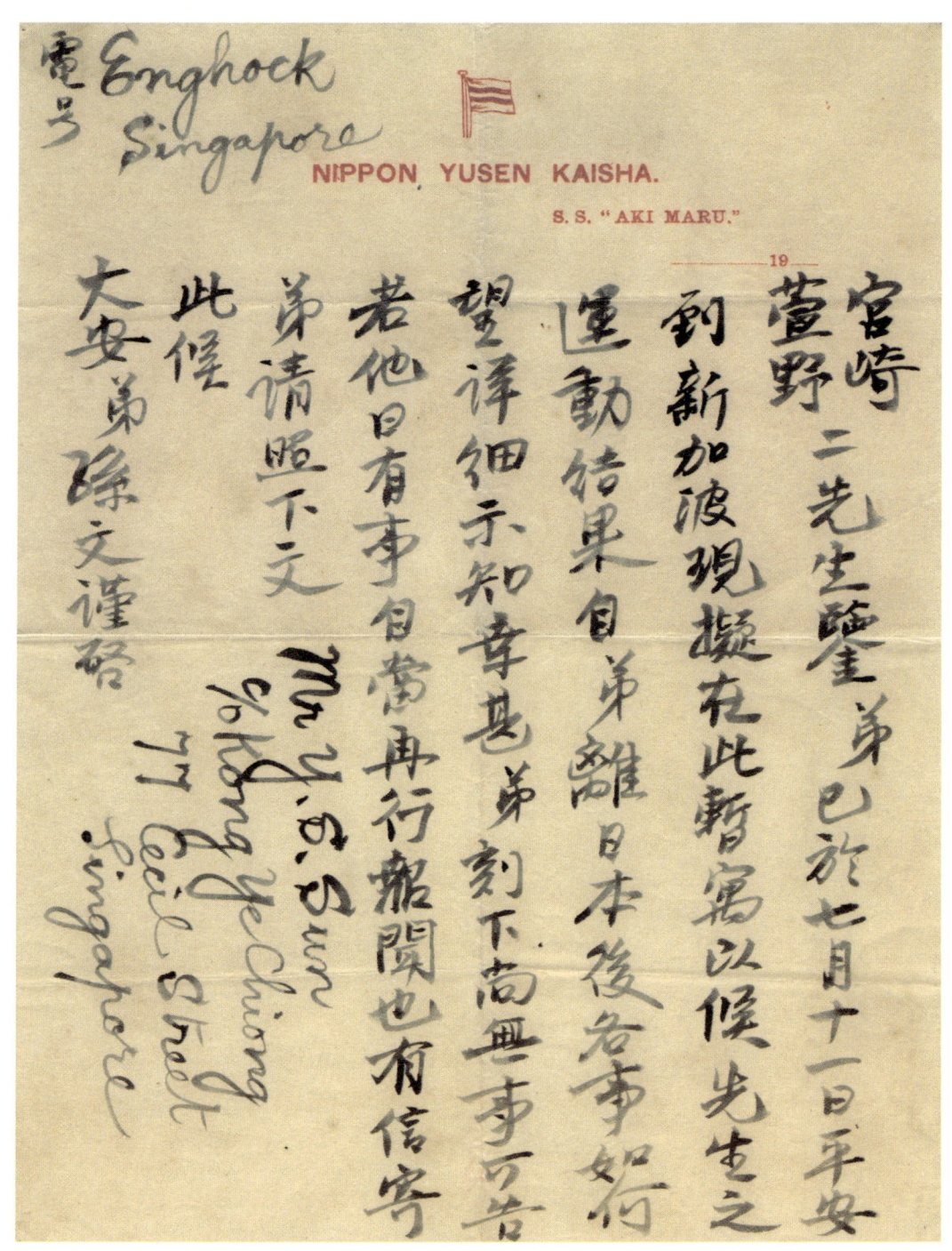

孙中山致宫崎滔天和萱野长知函（1910年7月）

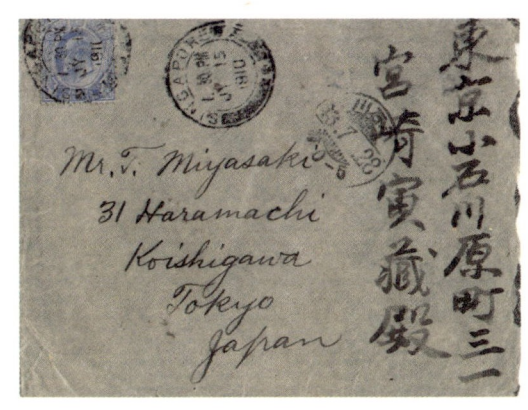

释读

宫崎、萱野二先生鉴：

弟已于七月十一日平安到新加波〔坡〕。现拟在此暂寓，以候先生之运动结果。

自弟离日本后，各事如何，望详细示知，幸甚。弟刻下尚无事可告，若他日有事，自当再行报闻也。有信寄弟，请照下文

电号 Enghock Singapore

Mr Y. S. Sun

  c/o Kong Ye Chiong

    77 Cecil Street

      Singapore

此候

大安

弟　孙文谨启

孙中山致宫崎滔天的信封（1910年11月29日）

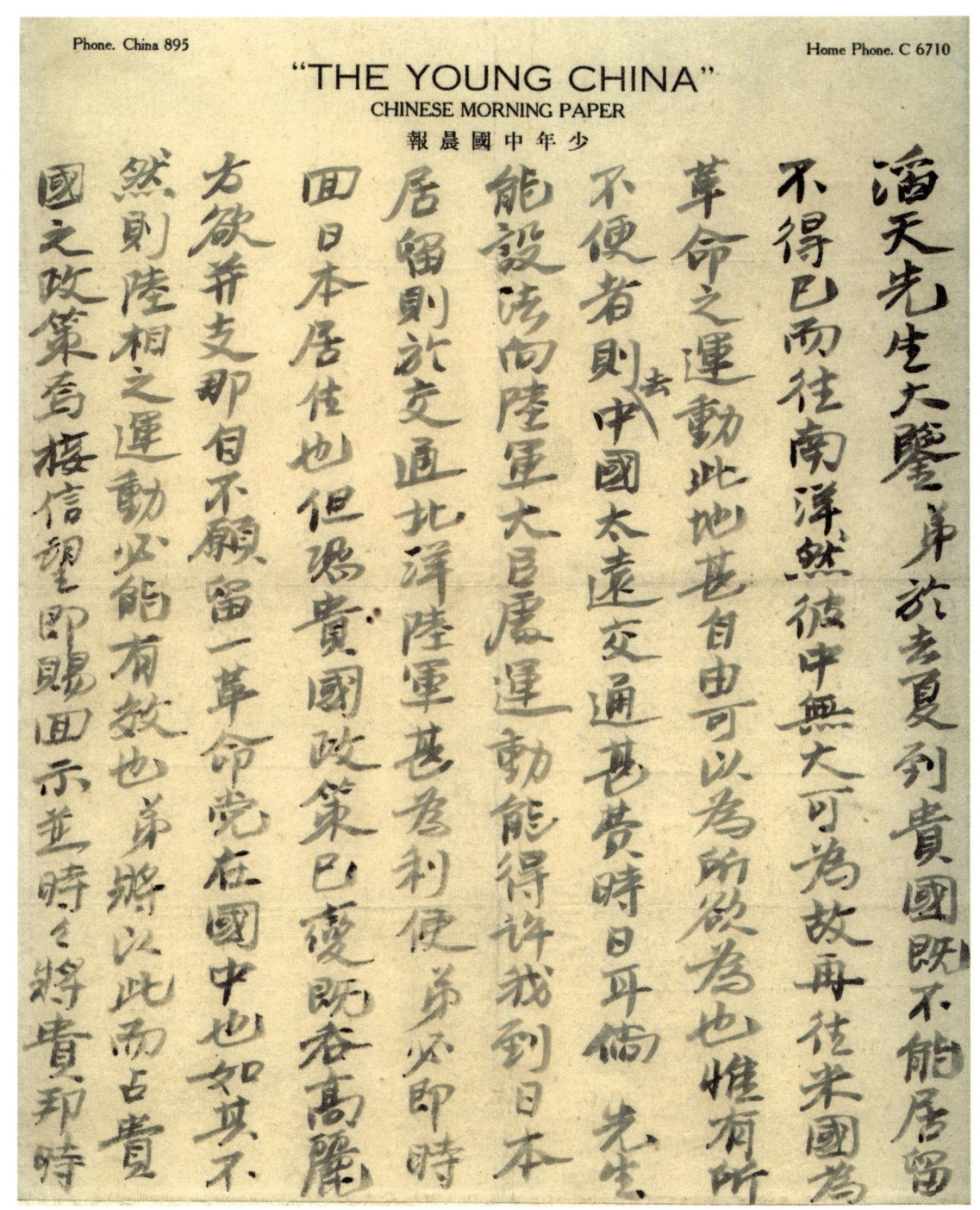

孙中山致宫崎滔天函（1911年2月3日）（一）

宫崎滔天家藏民国人物书札手迹（第一卷）

释读

滔天先生大鉴：

  弟于去夏到贵国，既不能居留，不得已而往南洋。然彼中无大可为，故再往米国，为革命之运动。此地甚自由，可以为所欲为也。惟有所不便者，则去中国太远，交通甚费时日耳。倘先生能设法向陆军大臣处运动，能得许我到日本居留，则于交通北洋陆军甚为利便。弟必即时回日本居住也。但恐贵国政策已变，既吞高丽，方欲并支那，自不愿留一革命党在国中也。如其不然，则陆相之运动必能有效也。弟将以此而占贵国之政策焉。接信望即赐回示，并时时将贵邦时（续下页）

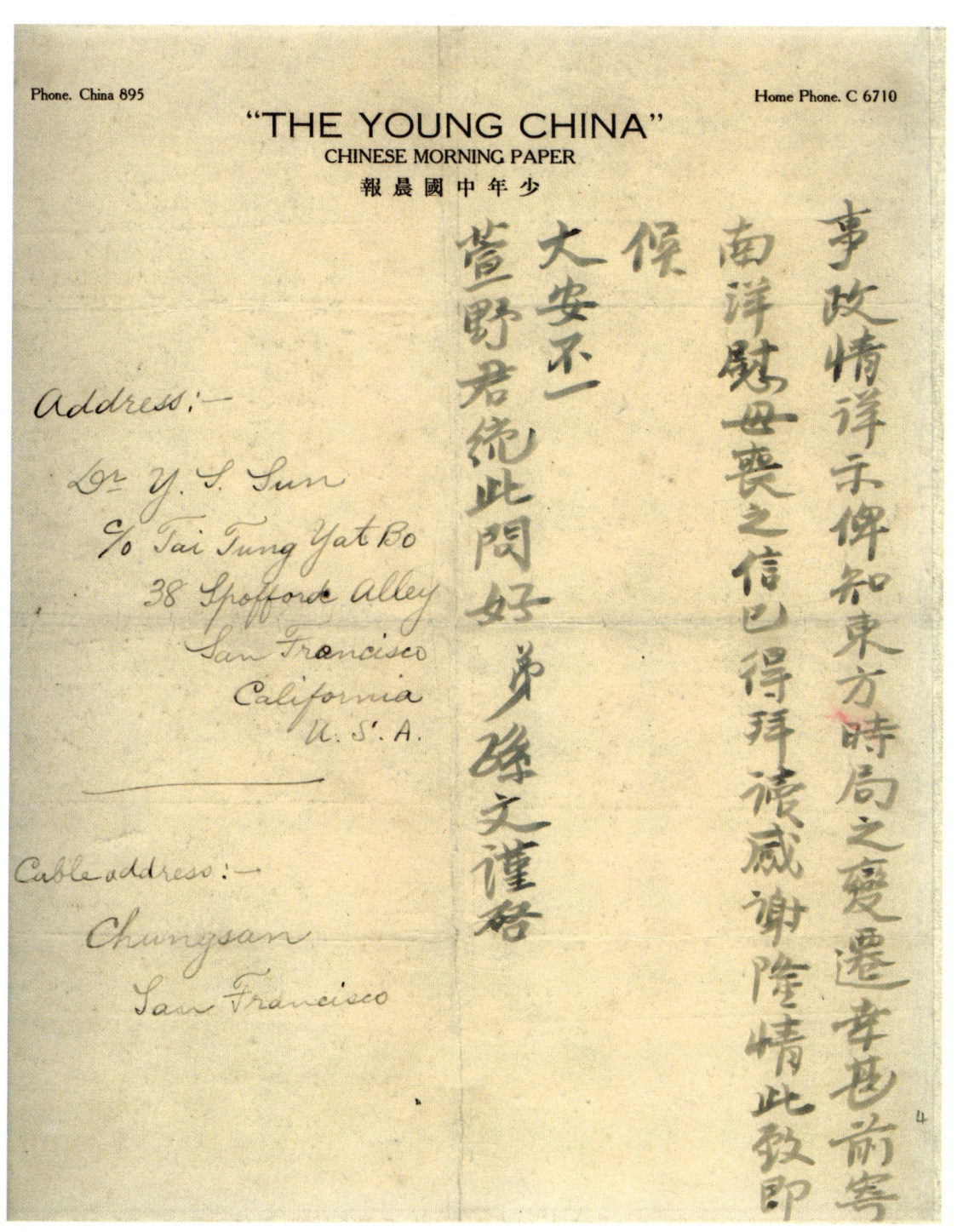

孙中山致宫崎滔天函（1911年2月3日）（二）

释读

（接上页）

事政情详示，俾知东方时局之变迁，幸甚。

　　前寄南洋慰母丧之信，已得拜读，感谢隆情。此致 即候

大安不一

萱野君统此问好

　　　　　　　　　　　　　　弟孙文谨启

Address
　　Dr. Y. S. Sun
c/o Tai Tung Yat Bo
　　38 Spofford alley
　　　San Francisco
　　　　California
　　　　　U.S.A.
Cable address.
　Chung san
　　San Francisco

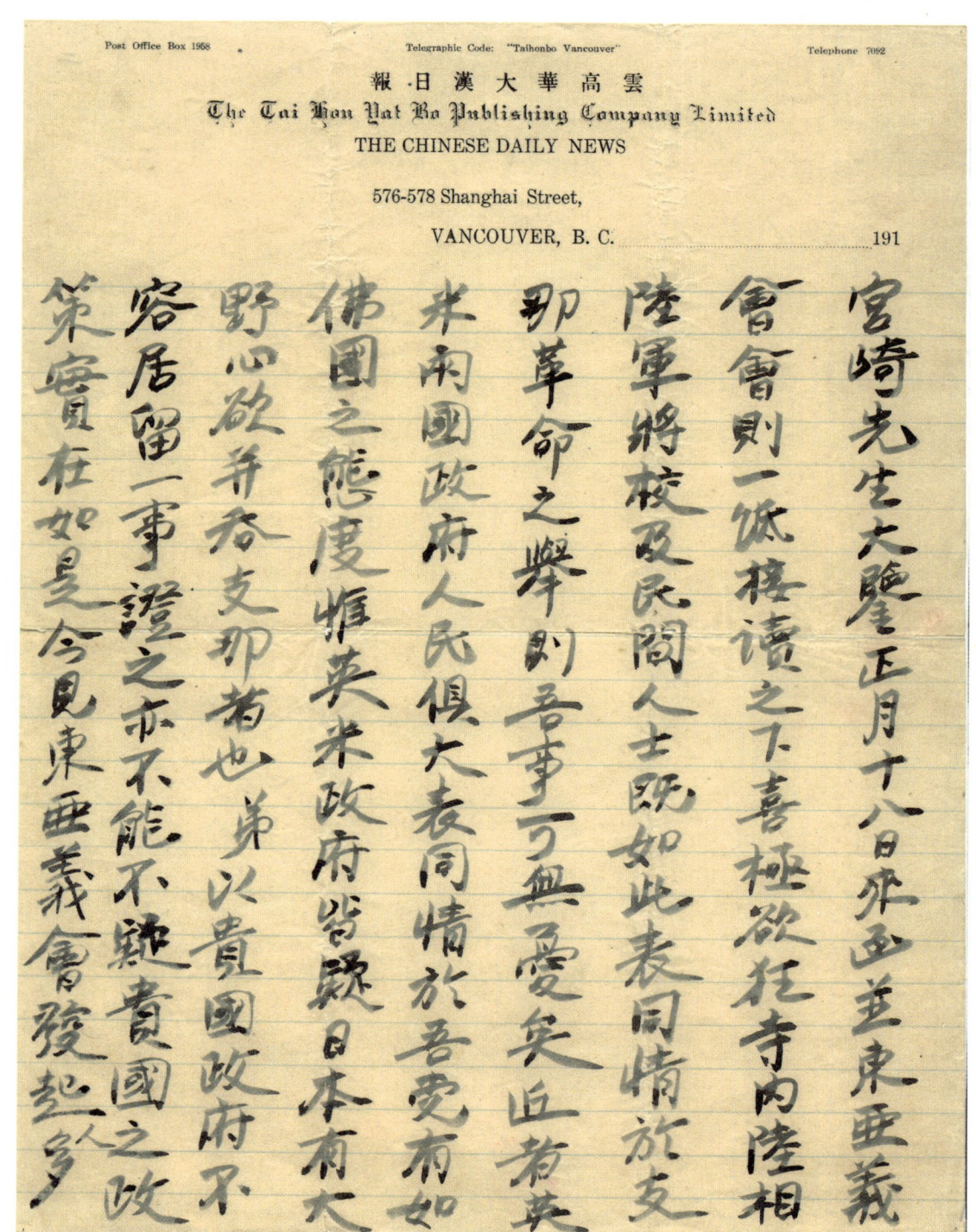

孙中山致宫崎滔天函（1911年2月15日）（一）

 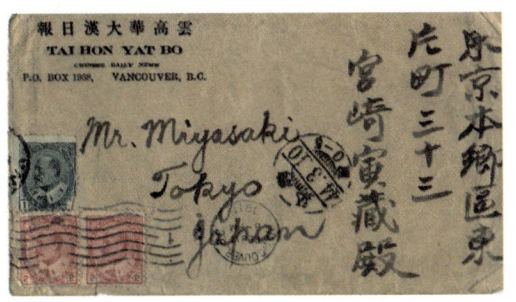

释读

宫崎先生大鉴：

　　正月十八日来函并《东亚义会会则》一纸，接读之下，喜极欲狂。寺内陆相、陆军将校及民间人士，既如此表同情于支那革命之举，则吾事可无忧矣！

　　近者，英米两国政府、人民俱大表同情于吾党，有如佛国之态度。惟英、米政府皆疑日本有大野心欲并吞支那者也。弟以贵国政府不容居留一事证之，亦不能不疑贵国之政策实在如是。

　　今见东亚义会发起人多（续下页）

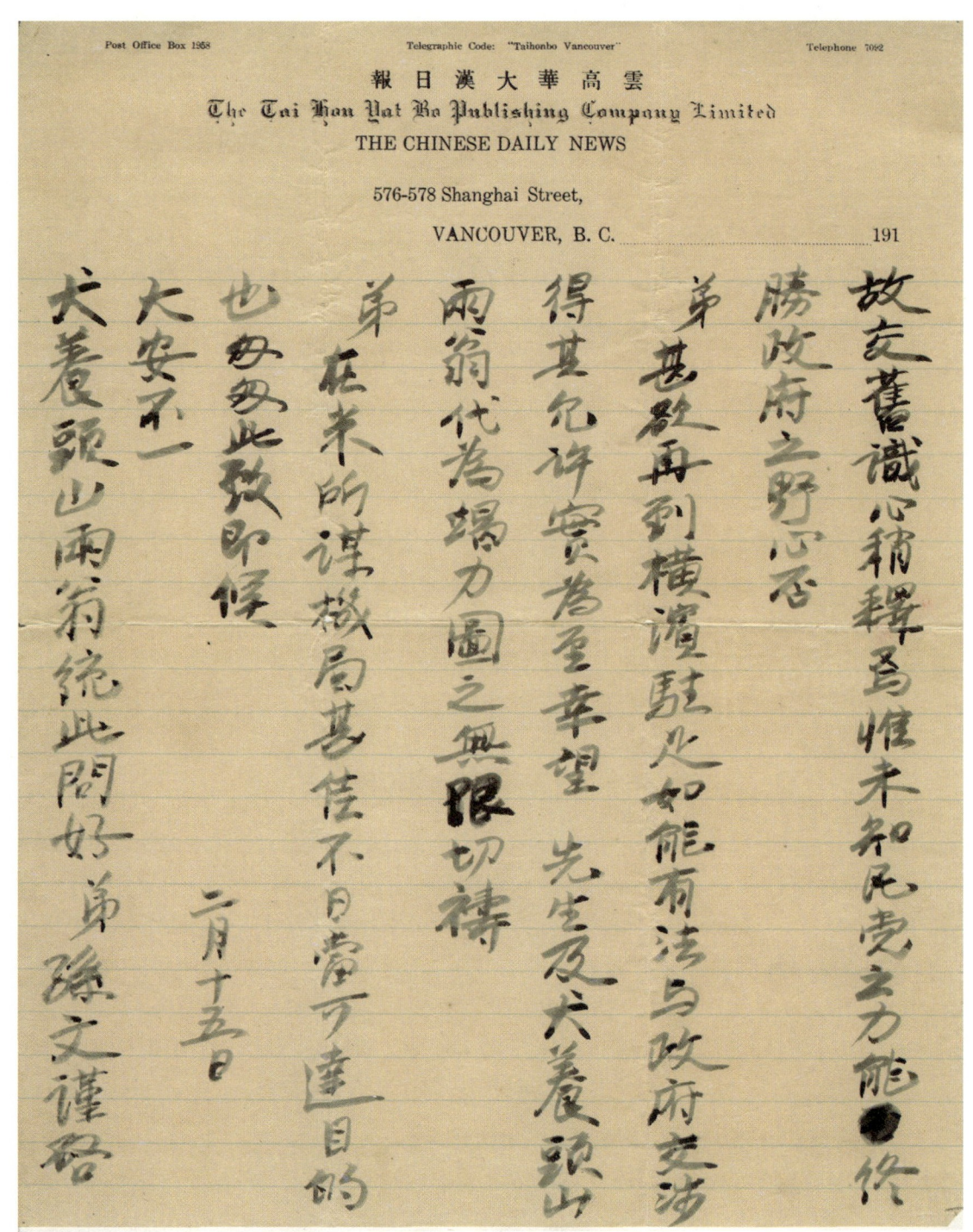

孙中山致宫崎滔天函（1911年2月15日）（二）

释读

（接上页）

故交旧识，心稍释焉。惟未知民党之力能终胜政府之野心否？

  弟甚欲再到横滨驻足。如能有法与政府交涉，得其允许，实为至幸。望先生及犬养、头山两翁代为竭力图之，无限切祷。

  弟在米所谋机局甚佳，不日当可达目的也。匆匆此致 即候

大安不一

犬养、头山两翁统此问好

弟孙文谨启
二月十五日

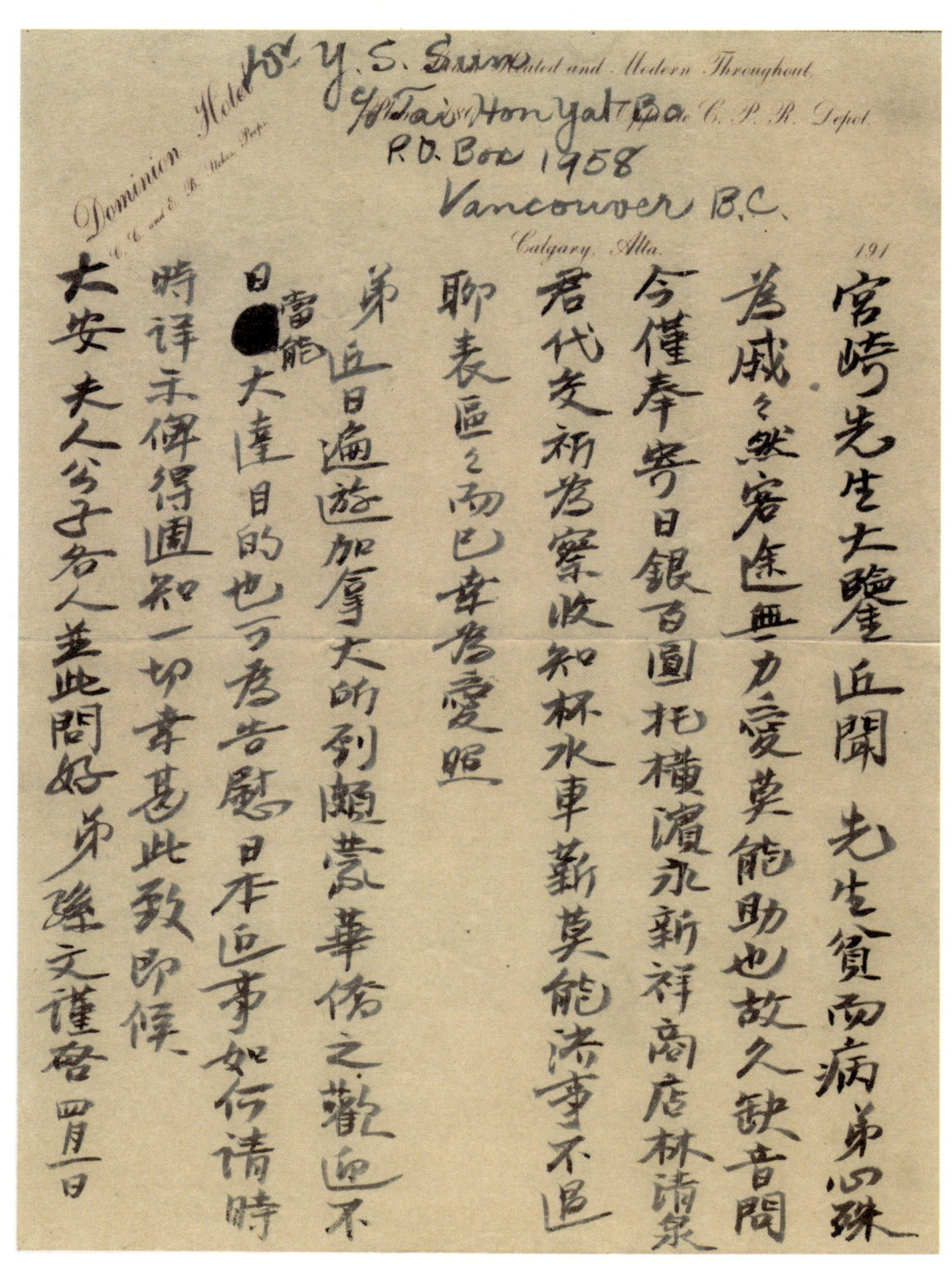

孙中山致宫崎滔天函（1911年4月1日）

释读

宫崎先生大鉴：

　　近闻先生贫而病，弟心殊为戚戚。然客途无力，爱莫能助也，故久缺音问。今仅奉寄日银百圆，托横滨永新祥商店林清泉君代交，祈为察收。知杯水车薪，莫能济事，不过聊表区区而巳〔已〕，幸为爱照。

　　弟近日遍游加拿大，所到颇蒙华侨之欢迎，不日当能大达目的也，可为告慰。日本近事如何？请时时详示，俾得周知一切，幸甚。
此致　即候

大安

夫人、公子各人并此问好

弟孙文谨启
四月一日

Dr. Y. S. Sun

c/o Tai Hon yal Bo

P. O. Box1958

Vancouver, B. C.

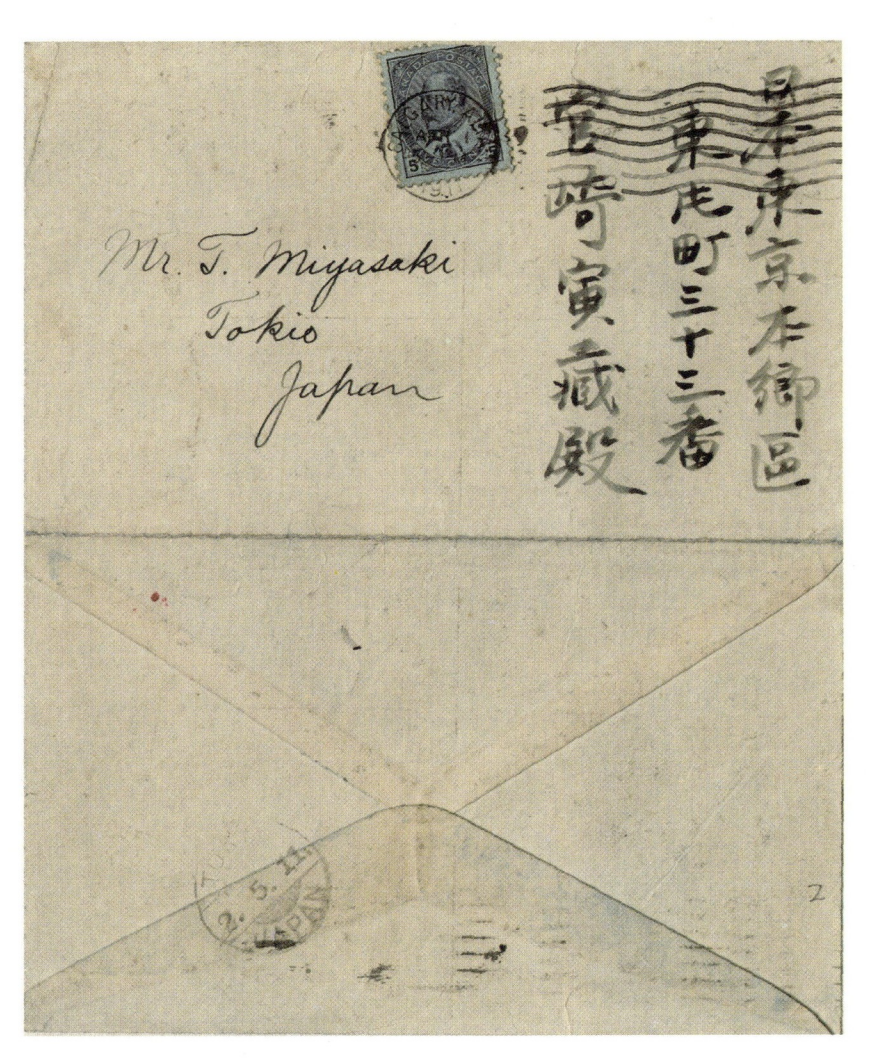

孙中山致宫崎滔天的信封（1911年5月2日）

宮崎先生大鑒 前兩月弟曾寄日銀百圓托橫濱永新祥商店林清泉君交來未知得收到否

弟近日由加拿大到米國 明日往東京專為見彼政界勢力人士想可得好結果也

近聞東京內閣變更未知於对支那政策有改換否 弟入日本之問題能否向新內閣再開談判通來東亞大勢如何日本人心如何趨向請時時詳告俾得有的取資決策犬養頭山等公所發起之東亞義會進行如何付知為祷 眾召市望順為示知此致即候

大安不一 弟 孫文謹啓 五月二十日寫

孙中山致宫崎滔天函（1911年5月20日）

宫崎滔天家藏民国人物书札手迹（第一卷）

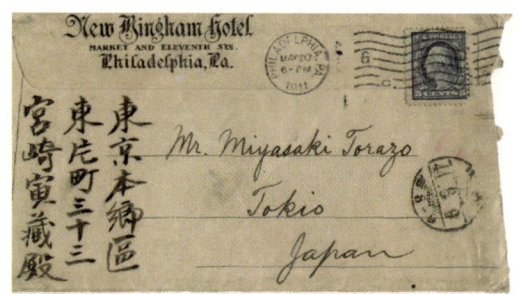

释读

宫崎先生大鉴：

　　前两月弟曾寄日银百元，托横滨永新祥商店林清泉君交来，未知得收到否？

　　弟近日由加拿大到米国，明日往米京，专为见彼政界势力人士，想可得好结果也。

　　近闻东京内阁变更，未知对于支那政策有改换否？弟入日本之问题，能否向新内阁再开谈判？迩来东亚大势如何？日本人心如何趋向？请时时详告，俾得有所取资决策。犬养、头山等公所发起之东亚义会，进行如何？付〔附〕和者众否？亦望顺为示知。此致　即候

大安不一

弟孙文谨启

五月二十日写

宫崎先生大鉴：弟今由桑港到此，路 Seattle 港将转而往来东十月底可到牛育 New York，集其后或往欧，或巡回西来俟到牛育后乃定也。近闻日本已换内阁，西园寺之政策如何对于支那革命党取何方针，可详以告我否，甚望画把木堂先生向新内阁重开交涉，请求弟能入日本之便。如蒙政府允肯，请先生速告我，我以后之画信虑如别纸所载切盼好音，此致即候

大安 弟 孙文 谨启 九月十二日

孙中山致宫崎滔天函（1911年9月12日）（一）

宫崎滔天家藏民国人物书札手迹（第一卷）

 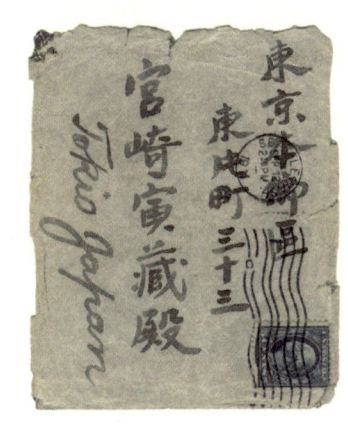

释读

宫崎先生大鉴：

弟今由桑港到些路 Seattle 港，将转而往米东。十月底可到牛育 New York 矣。其后或往欧，或迴回西米，俟到牛育后乃定也。

近闻日本已换内阁，西园寺之政策如何，对于支那革命党取何方针，可详以告我否？并望再托木堂先生向新内阁重开交涉，请求弟能入日本之便宜。如蒙政府允肯，请先生速告我。我以后之通信处，如别纸所载。切盼好音。此致 即候

大安

弟孙文谨启

九月十二日

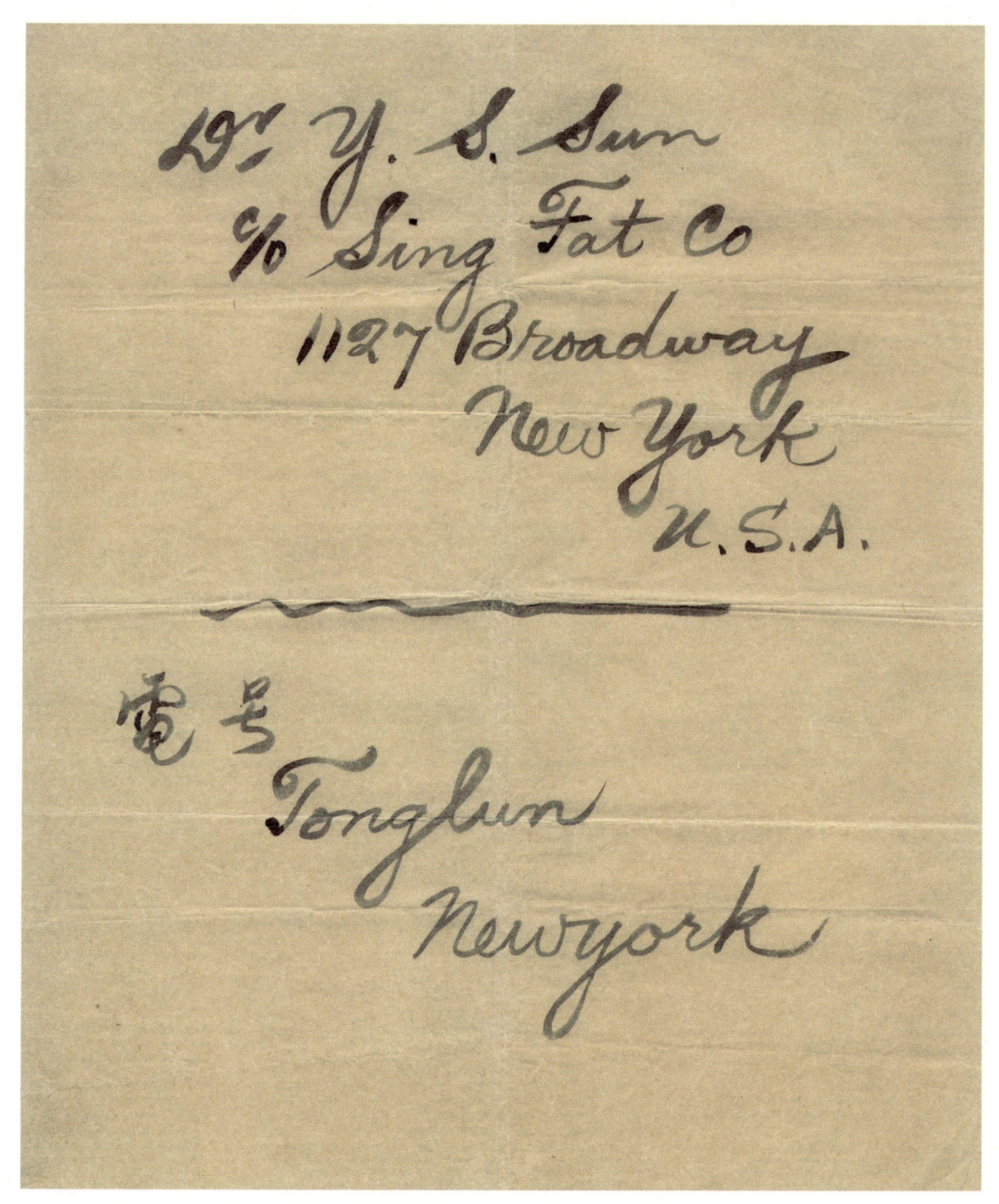

孙中山致宫崎滔天函（1911年9月12日）（二）

释读

Dr.Y.S.Sun
　　c/o Sing Fat co
　　　1127 Broadway
　　　　New York
　　　　　U.S.A.
电号：Tonglu,New York

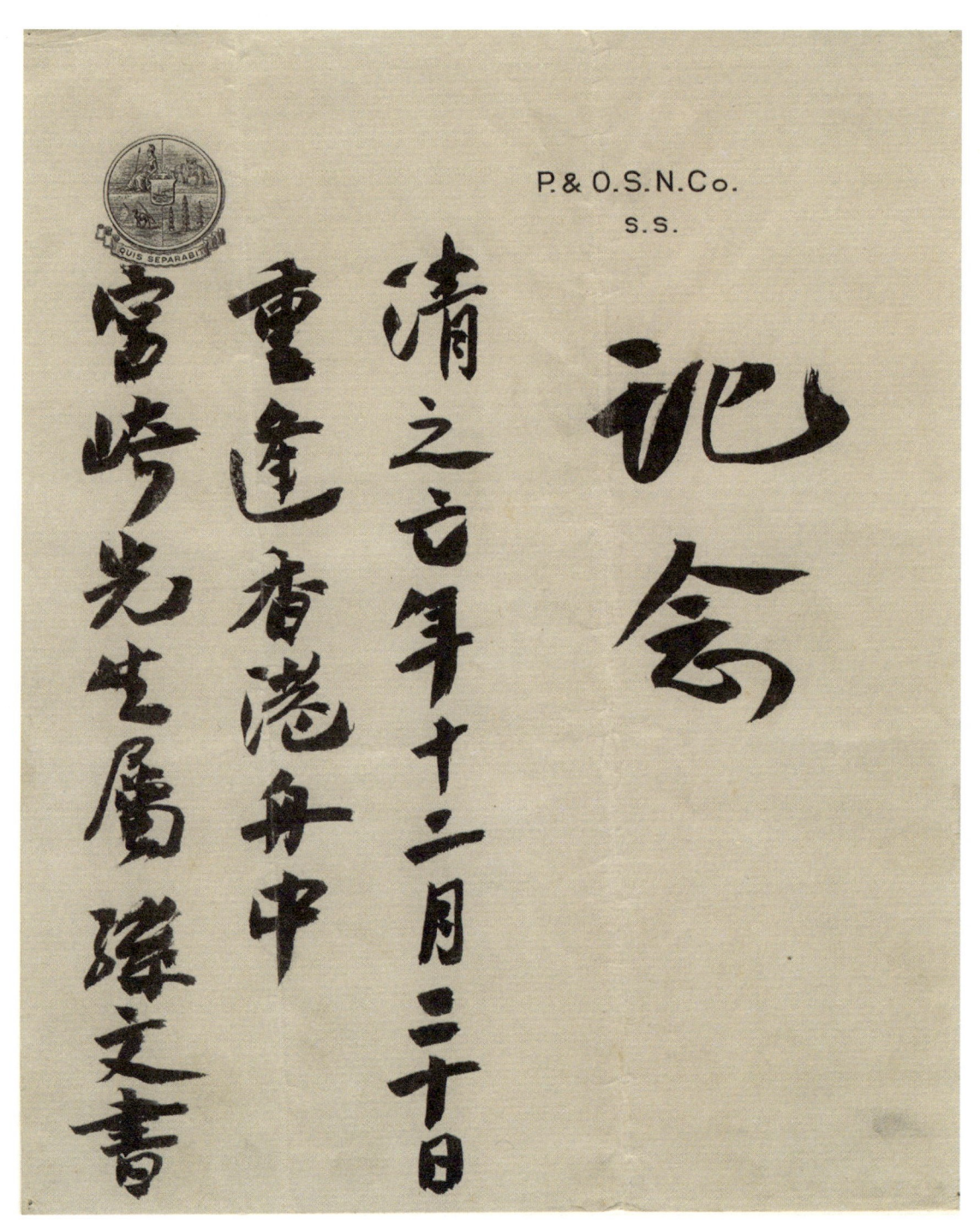

孙中山为宫崎滔天题字（1911年12月20日）

释读

记念
清之亡年十二月二十日重逢香港舟中
宫崎先生属　　孙文书

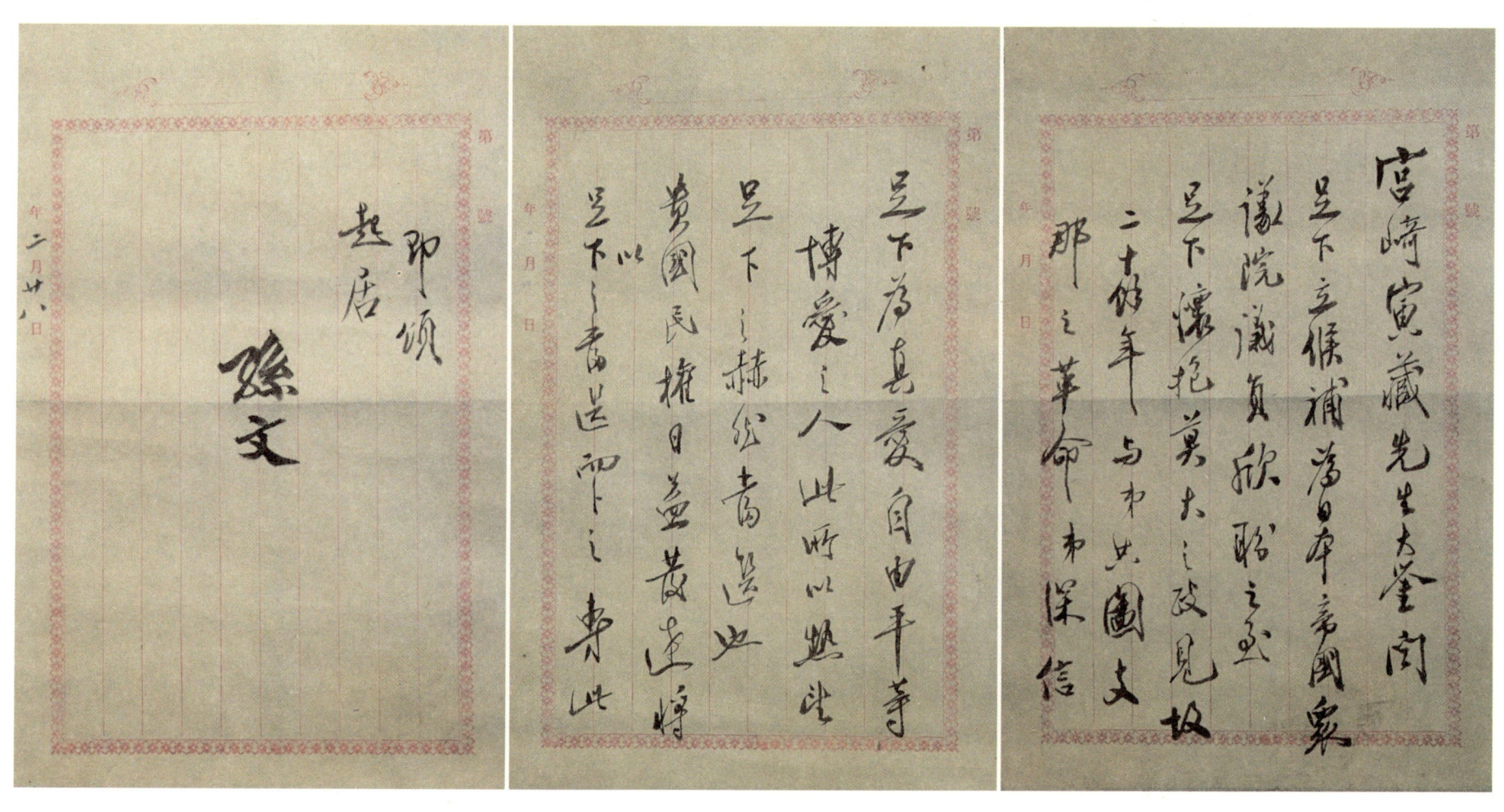

孙中山致宫崎滔天函（1915年2月28日）

释读

宫崎寅藏先生大鉴：

　　闻足下立候补为日本帝国众议院议员，欣盼之至。足下怀抱莫大之政见，故二十余年与弟共图支那之革命。弟深信足下为真爱自由平等博爱之人，此所以热望足下之赫然当选也。

　　贵国民权日益发达，将足下以之当选而卜之。专此 即颂

起居

　　　　　　　　　　　　　　　　　　　　　　　　孙文

　　　　　　　　　　　　　　　　　　　　　　　　二月二十八日

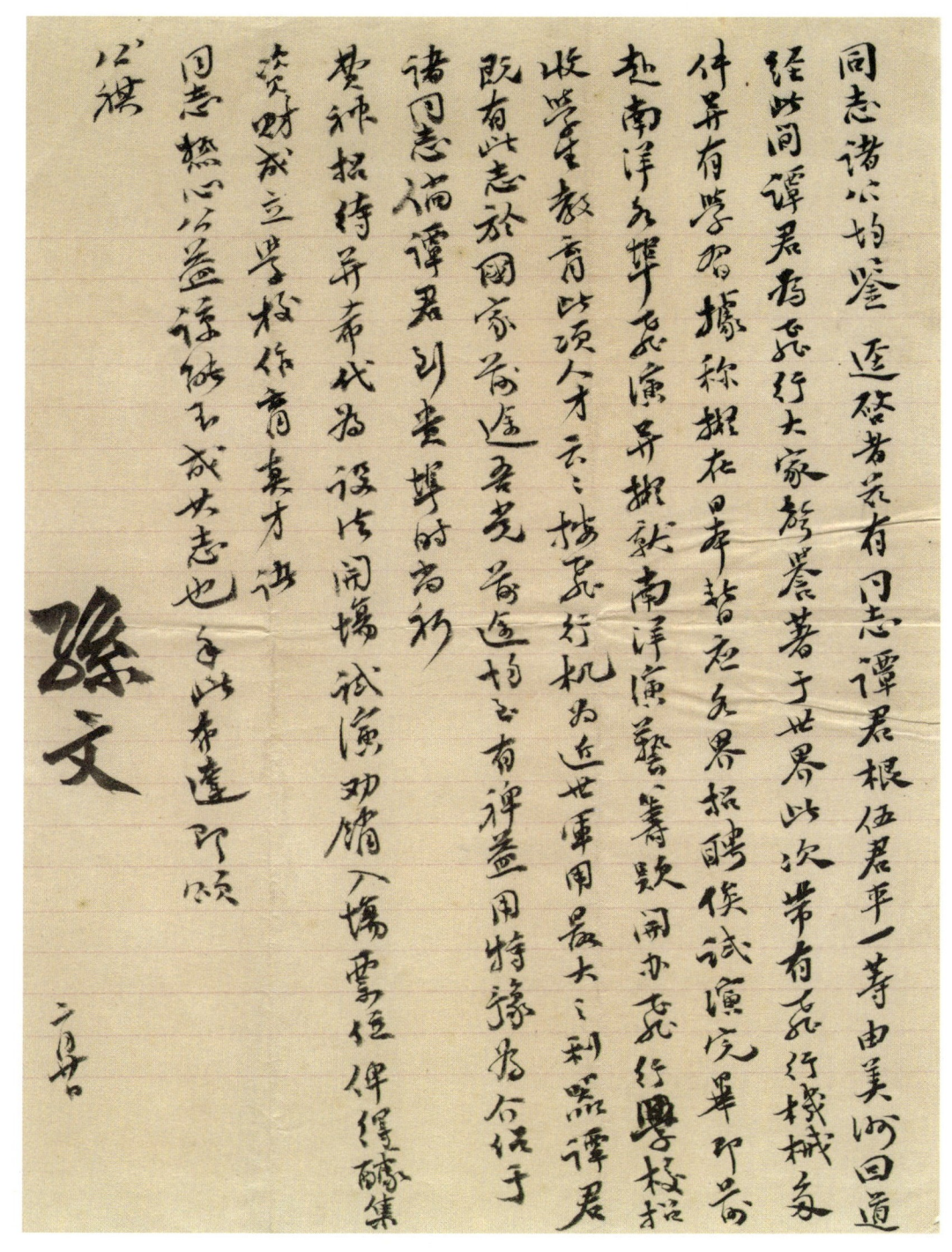

孙中山致南洋同志函（1917年2月20日）

 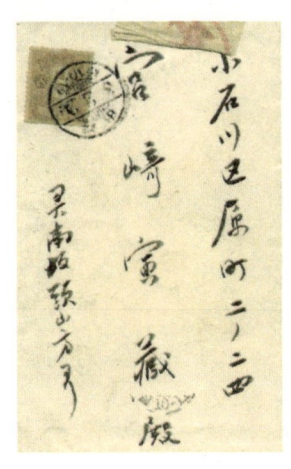

释读

同志诸公均鉴：

径启者，兹有同志谭君根、伍君平一等由美洲回，道经此间。谭君为飞行大家，声誉著于世界。此次带有飞行机械多件，并有学习。据称拟在日本暂应各界招聘。俟试演完毕，即前赴南洋各埠飞演，并拟就南洋演艺筹款，开办飞行学校，招收学生，教育此项人才云云。按飞行机为近世军用最大之利器。谭君既有此志，于国家前途、吾党前途，均至有裨益用。特豫为介绍于诸同志。倘谭君到贵埠时，尚祈费神招待，并希代为设法开场试演，劝销入场票位。俾得酿集资财，成立学校，作育真才。诸同志热心公益，谅能玉成其志也。手此布达。即颂

公祺

孙文

二月二十日

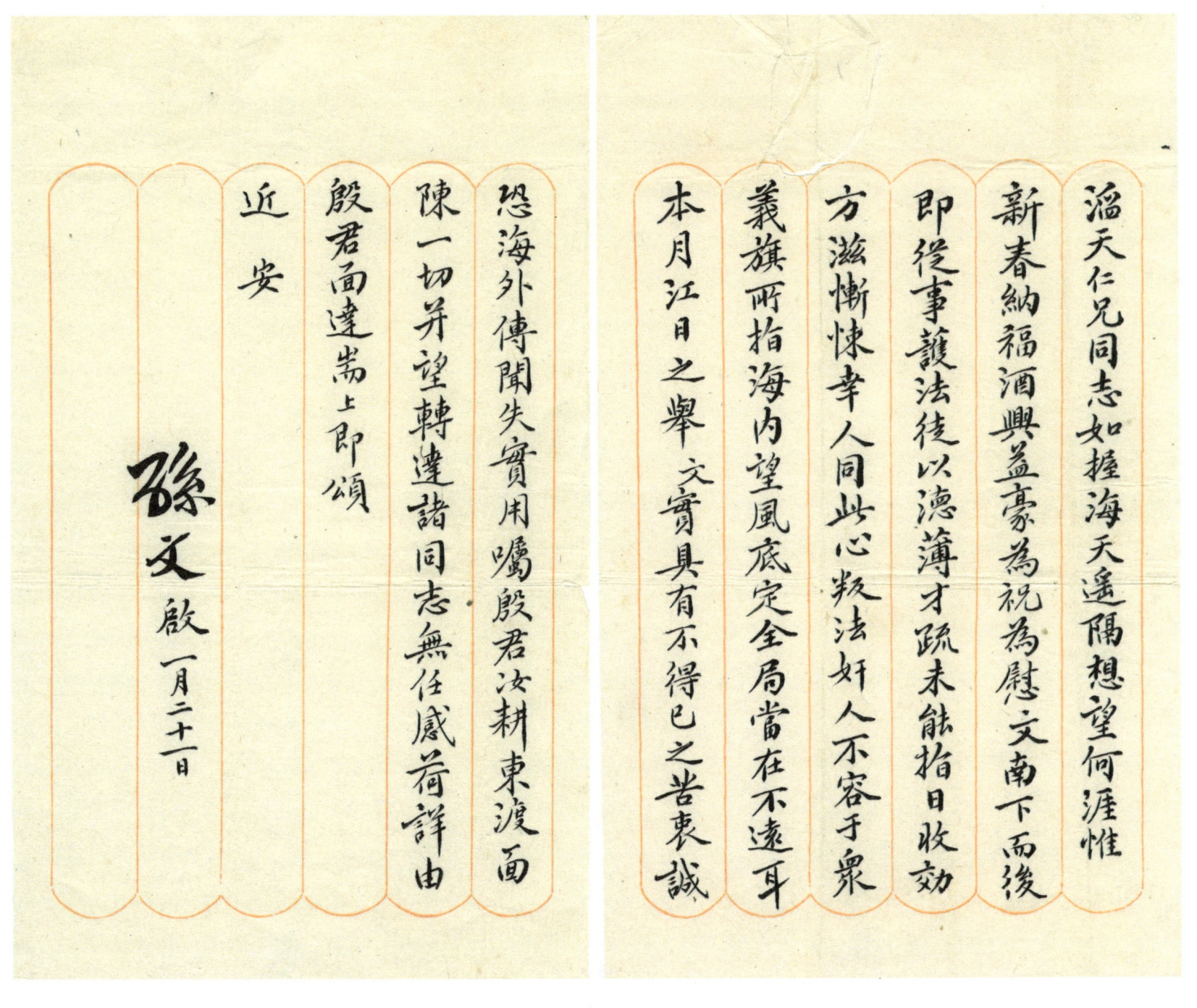

孙中山致宫崎滔天函（1918年1月21日）

释读

滔天仁兄同志如握：

　　海天遥隔，想望何涯。惟新春纳福，酒兴益豪，为祝为慰。文南下而后，即从事护法。徒以德薄才疏，未能指日收效，方滋惭悚。幸人同此心，叛法奸人不容于众。义旗所指，海内望风，底定全局，当在不远耳。本月江日之举，文实具有不得已之苦衷。诚恐海外传闻失实，用嘱殷君汝耕东渡面陈一切。并望转达诸同志。无任感荷。详由殷君面达。耑上，即颂

近安

孙文启

一月二十一日

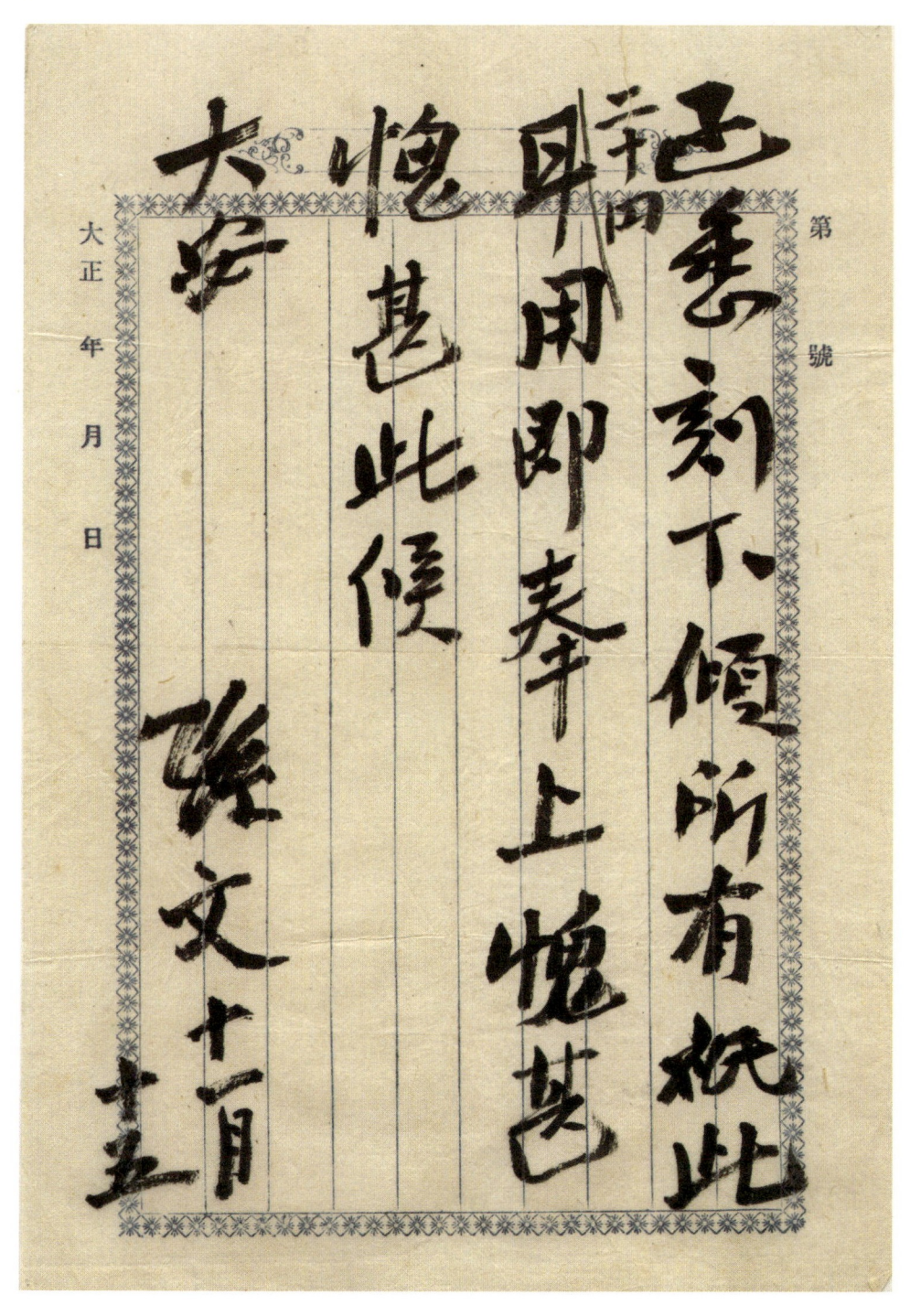

孙中山致宫崎滔天函（□年11月15日）

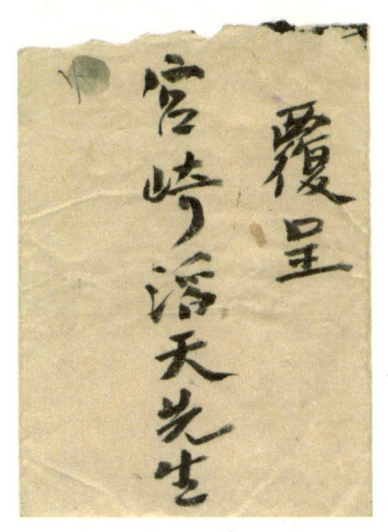

释读

　　函悉。刻下倾所有，只此二十円耳。用即奉上，愧甚愧甚。此候
大安

　　　　　　　　　　　　　　　　　　孙文
　　　　　　　　　　　　　　　　　　十一月十五

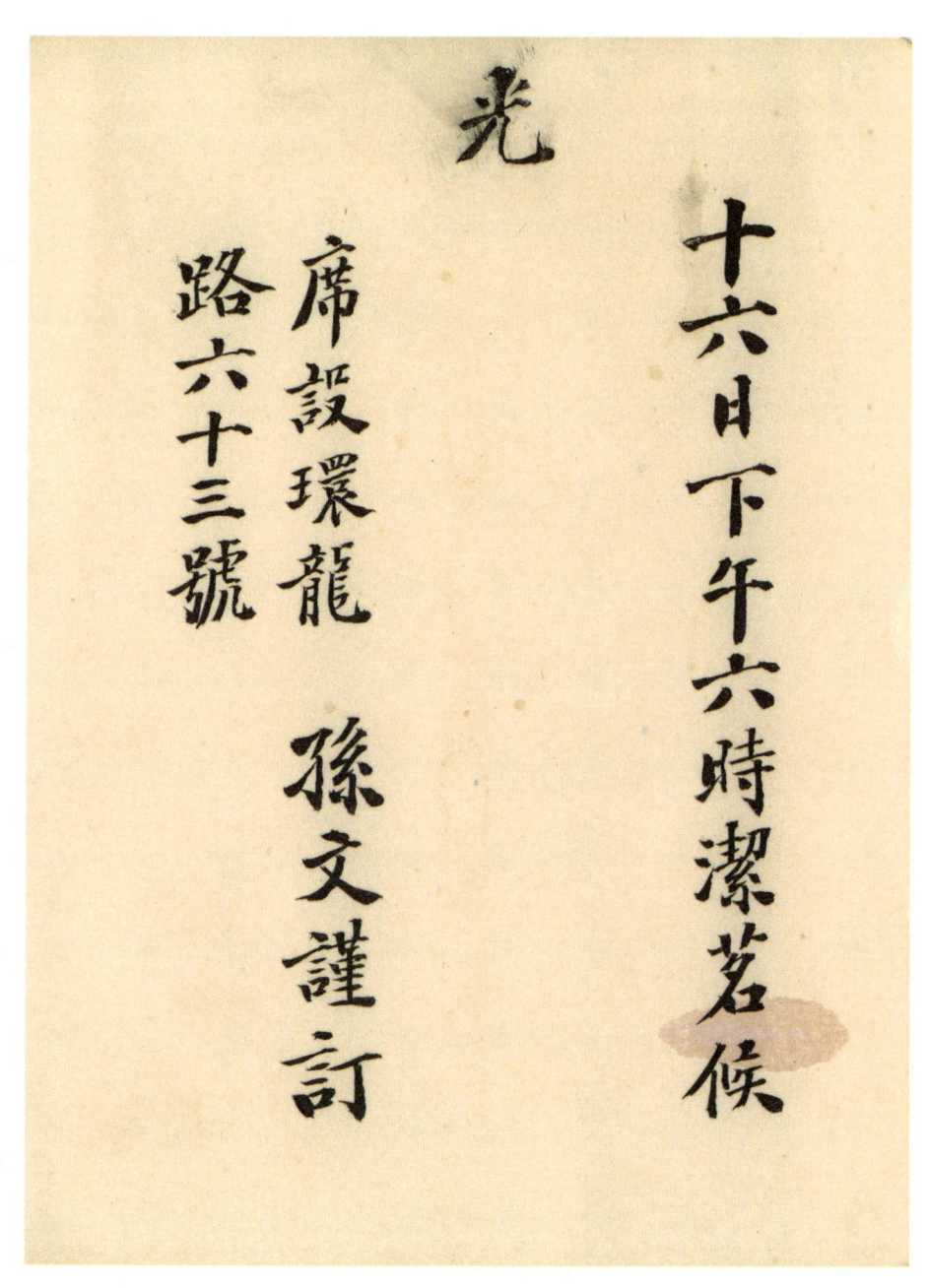

孙中山致宫崎滔天请柬之一

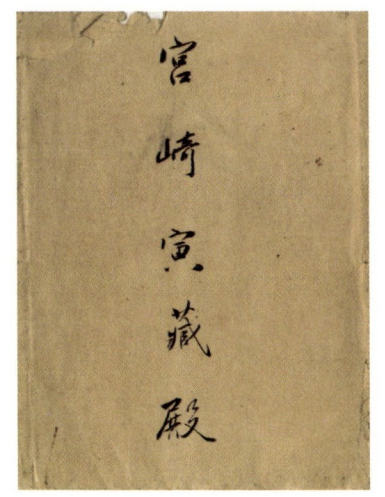

释读

　　十六日下午六时，洁茗候光
席设环龙路六十三号　　　孙文谨订

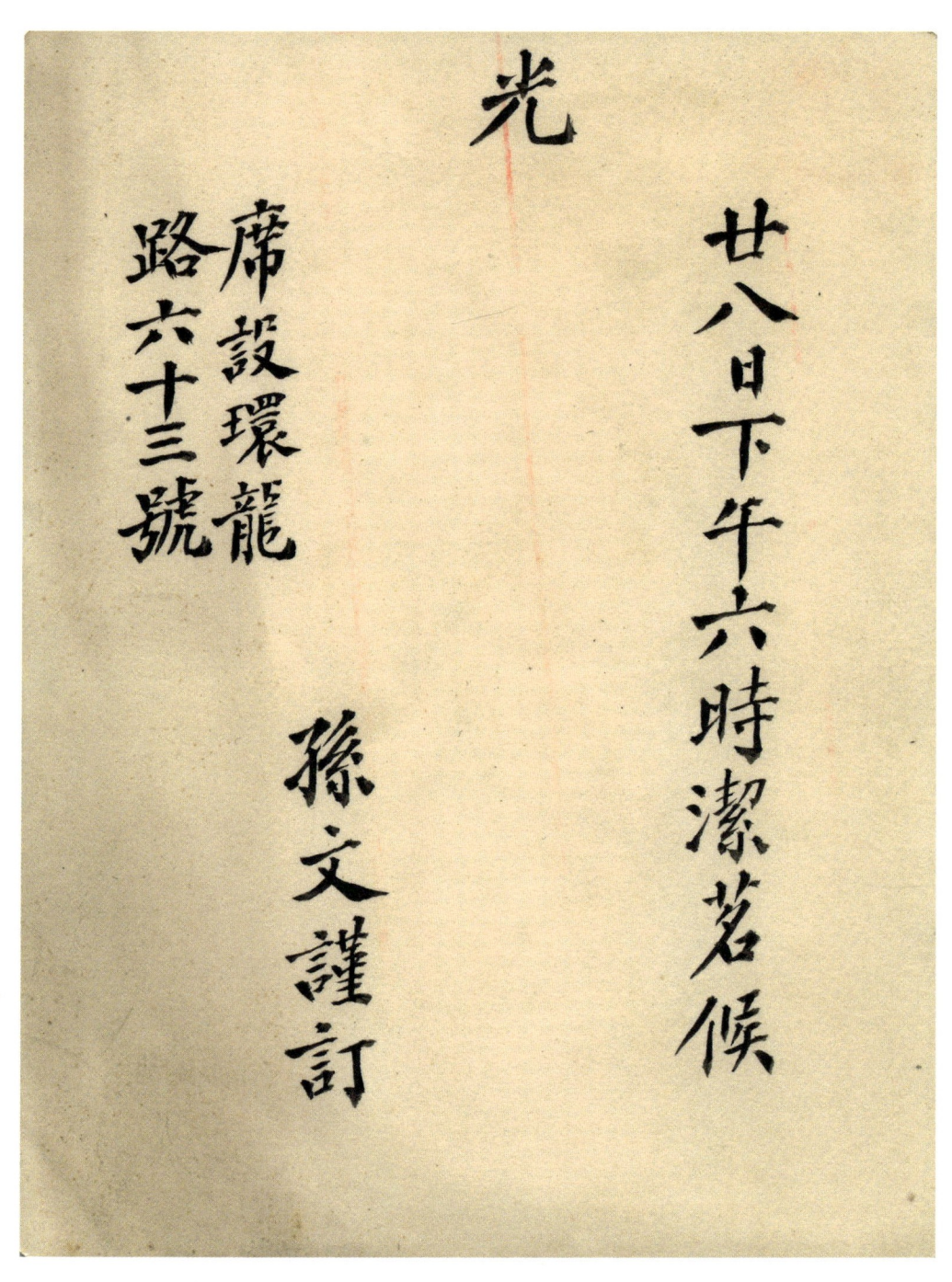

孙中山致宫崎滔天请柬之二

释读

　　廿八日下午六时，洁茗候光

席设环龙路六十三号　　孙文谨订

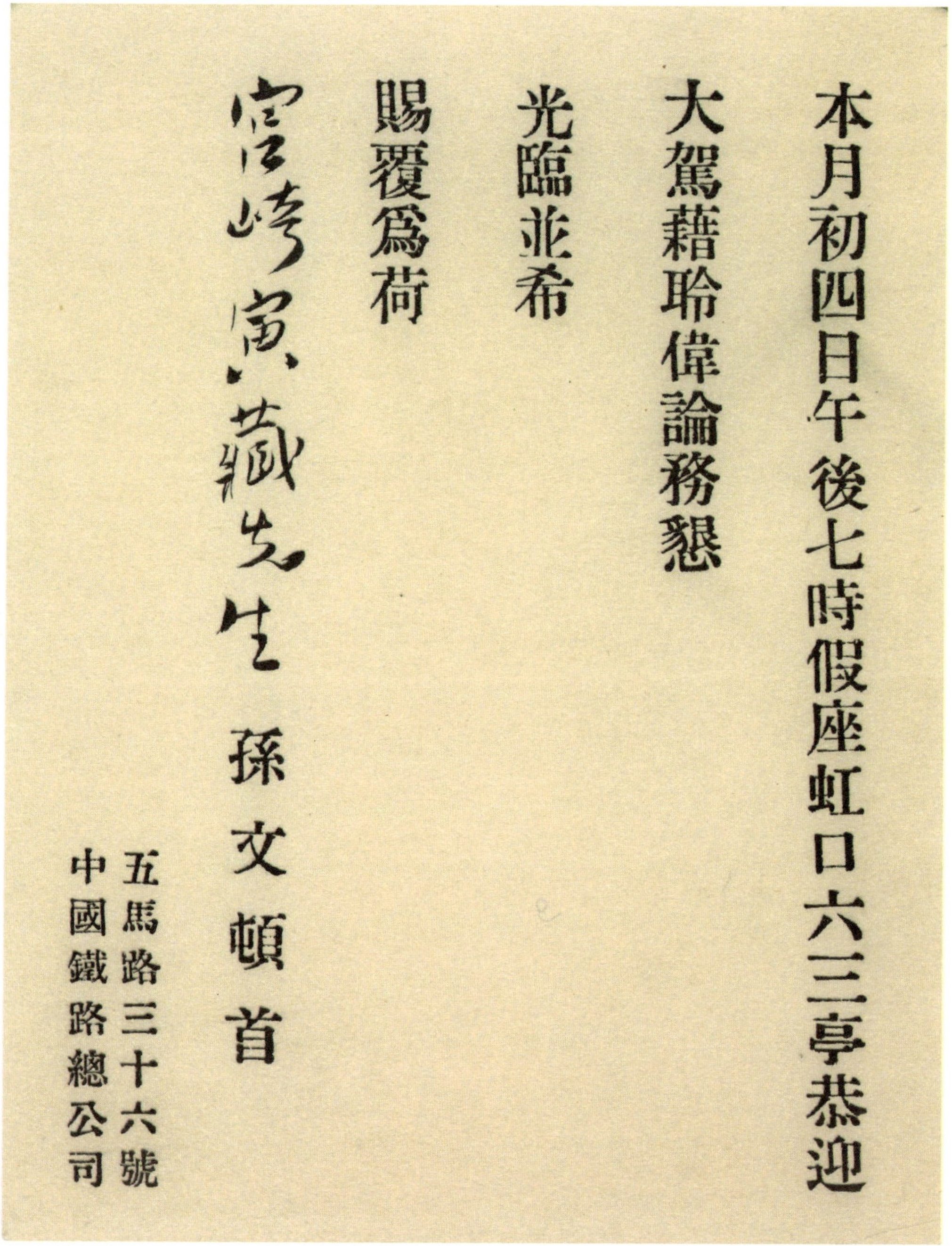

本月初四日午後七時假座虹口六三亭恭迎

大駕藉聆偉論務懇

光臨並希

賜覆為荷

宮崎寅藏先生　孫文頓首

五馬路三十六號
中國鐵路總公司

孙中山致宫崎滔天请柬之三

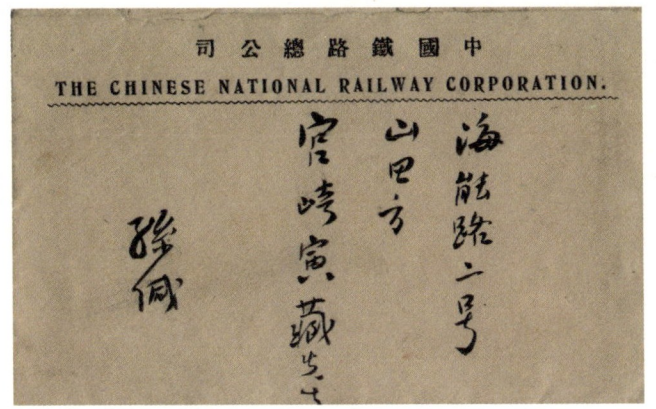

释读

　　本月初四日午后七时，假座虹口六三亭，恭迎大驾，藉聆伟论。务恳光临，并希赐复为荷。
宫崎寅藏先生

　　　　　　　　　　　　　　　　　　　　　　孙文顿首
　　　　　　　　　　　　　　　　　　　　　　五马路三十六号
　　　　　　　　　　　　　　　　　　　　　　中国铁路总公司

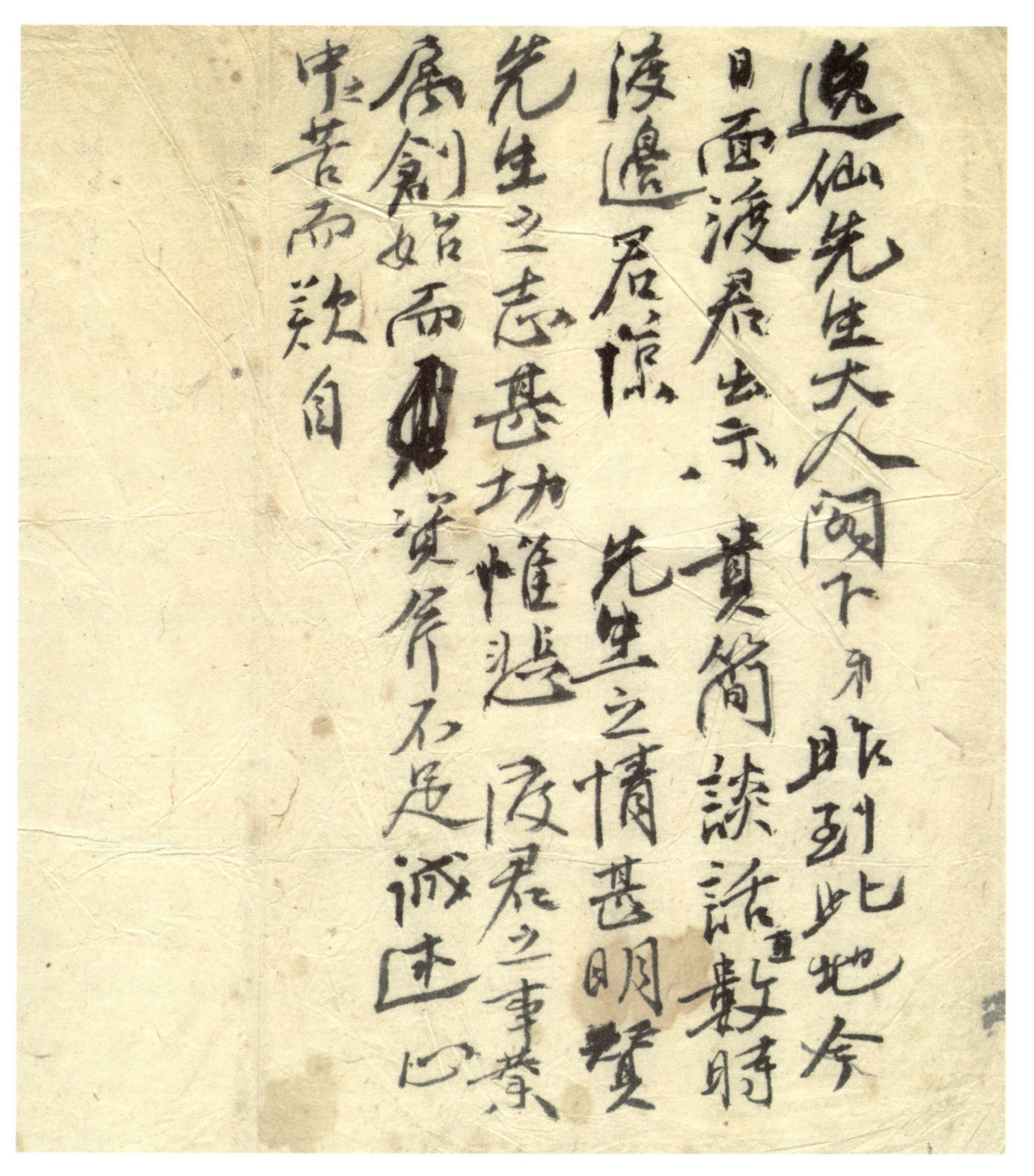

宫崎滔天致孙中山函底稿

释读

逸仙先生大人阁下：

　　弟昨到此地，今日面渡君，出示贵简，谈话直数时。渡边君谅先生之情甚明，赞先生之志甚功。惟悲渡君之事业属创始而资斧不足，诚述心中之苦而叹自……

一、致晓生梓琴执信伯先电

文回沪后已宣言与各方面协同一致声讨国贼，此时各道员倡义兴师，西南方面军势力尤薄弱，各地方进行讨此不相协同，则至失败。任公表示愿同，希其来粤相纵协同进行，此次革命一切事宜务求兴讨袁各派最诚意联络，此意一切事宜务必求兴讨袁各派协同进行之动，至于旗帜云贵广西桂请光华谱此等皆此意，一切事宜务必赖其群力之动，至于旗帜云贵广东广西湖南已皆用五色国旗。旁边意永宜一律沿用军不至因旗帜而生异同精诚异路阻不进粤商方讨袁之事两省精诚异路武力进行者目前唯一之针请诸同志务必加奋努力以期早降国贼，而奠国基。孙中山率全军全党文

释读

致觉生梓琴执信仲元电

文回沪后，已宣言与各方面协同一致，声讨国贼。此时袁逆负嵎恋栈，而南方义军，势力犹薄。若各地方进行，彼此不相协同，则更便袁贼得间。请兄等体察此意，一切事宜，务求与讨袁各派，协同进行，以收群策群力之效。至于旗帜，云贵广桂浙均已遵用五色旗，吾党亦宜一律沿用，俾不至同一讨贼之军，而有猜疑。至于武力进行，为目前唯一方针，请诸同志更加意努力，以期早除国贼，而奠国基。文

一、致岑春萱电

闻公已任两广讨贼都司令，以残暴至严之人持滅此朝食之志，南方健儿壽枝歎迎得公掖掌鼓行而尚壯偉何似，讀公宣言首尾不忘震派苦流之沈痛，發我心主義目的既合符节，尤当共力進行粤省壮士以吾为濡若断先驿开此，今拉兴济军相持大部当荷内外不忠事，是无谓之已受同志伴泯悄虞，匡力武事寅上之三段，请出示布告済云一方，聯敬仍求画段生警敬戒同心鄙力，其伴夫讨公壽陸軍电有所禱導匡家呉，遅又知百冯围葛敵吏壹力所陇出，凡此等助，謹以电闻助文

释读

致岑春萱电

闻公已任两广讨贼都司令,以嫉恶至严之人,持灭此朝食之志。南方健儿素稔顺逆,得公提挈,鼓行而前,壮伟何似。诵公宣言,有不分党派省派之语,实获我心。主义目的既合符节,允当共力进行。粤省独立以前,各处义师先起,闻此今犹与济军相持。大敌当前而内纷不息,事甚无谓。文已电同志,俾泯猜虞,并力求事实上之一致。请公亦正告济军一方,务严约束,无后生衅,庶几同心戮力,共伸大讨。公素隆望,电有所指导,宜众莫违。文知忧国,甚愿尽力所能至,为公等助。谨以电闻。孙文

Chang Yuan.
Tientsin.
Dec. 29, 1924

My dear Mr Miyazaki:—

Dr. Sun has just received your letter of the 24th inst., & wishes me to thank you for your many kind expressions.

Owing to Dr. Sun's illness, we have all been busy attending him, so that few of us have had the opportunity to write & thank you all for the courtesies you extended us during our recent trip to Japan.

Dr. Sun is gratified

宋庆龄（1893—1981）

广东文昌（今属海南）人。早年入上海中西女塾读书。1907年赴美，入佐治亚州梅肯市威斯里安女子学院求学。1912年4月撰文《二十世纪最伟大的事件》，高度评价和热情颂扬辛亥革命的伟大胜利。1913年8月赴日本担任孙中山英文秘书。1915年10月25日在东京与孙中山结婚。后一直协助孙中山从事革命工作，坚决拥护孙中山"联俄、联共、扶助农工"的三大政策。1925年3月孙中山逝世后，向国内外宣传孙中山的遗嘱，谴责国民党右派。1926年在中国国民党"二大"上当选为中央执行委员。1927年对蒋介石、汪精卫叛变革命予以抨击，发表声明斥责，拒绝与他们合作。同年8月赴苏联和欧洲访问，曾两次当选为国际反帝同盟大会名誉主席。1931年6月回国。1932年发起组织中国民权保障同盟，任临时全国执行委员会主席，曾保护和营救许多共产党员和爱国人士。1935年率先响应中共中央《八一宣言》，积极开展抗日救亡活动。1938年6月创建保卫中国同盟，向世界宣传中国抗战并募集巨大的物资援助，此后长期主持保卫中国同盟的后续组织中国福利基金会、中国福利会，致力于妇幼卫生、文化教育和社会救济事业。1948年1月中国国民党革命委员会在香港成立，担任名誉主席。1949年参加中国人民政治协商会议第一届全体会议，任中央人民政府副主席。曾任中华人民共和国副主席、全国政协副主席、全国人大常委会副委员长。1981年5月中共中央接收她为中国共产党正式党员，全国人大常委会授予她中华人民共和国名誉主席荣誉称号。同年5月29日病逝于北京，安葬于上海宋庆龄陵园。

to hear that the people of Japan are in sympathy with his efforts, and that his friends are doing all they can to further the mutual interests of Japan & China.

As the climate here is not pleasant, we will leave for Pekin on the 31st inst., where we hope the change

宫崎滔天家藏民国人物书札手迹（第一卷）

释读

Chang Yuan
Tien Tsin
Dec. 29, 1924

My dear Mr. Miyazaki:

　　Dr. Sun has just received your letter of the 24th inst. and wishes me to thank you for your kind expressions.

　　During to Dr. Sun's illness, we have all been busy attending him, so that few of us have had the opportunity to write and thank you all for the courtesies you extended us during our recent trip in Japan.

　　Dr. Sun is gratified to hear that the people of Japan are in sympathy with his efforts, and that his friends are doing all they can to further the mutual interests of Japan and China.

　　As the climate here is not pleasant, we will leave for Pekin on the 31st inst., where we hope the change will be of great benefit to Dr. Sun, who is really in great need of a rest, after his recent liver troubles. He is not able to sit up yet, but is gradually recovering.

　　With our best wishes to you and your brother.

I am, yours sincerely
R. S. Sun

P.S. Please forward the attachment letter to Mr. Akiyama.

will be of great benefit to Dr Sun, who is really in great need of a rest, after his recent liver troubles. He is not able to sit up yet, but is gradually recovering.

With our best wishes to you & your brother.

I am, Yours Sincerely,
R.S. Sun.

P.S.

Please forward the enclosed letter to Mr Akiyama —

中译文

敬爱的宫崎龙介先生：

孙博士刚接到您二十四日的来信。他要我对您表示的好意多多致谢。

由于孙博士的病，我们忙于照料他，因此我们都没有时间给您写信，感谢前不久我们在日本时您给予的殷勤招待。

孙博士听说日本人民对他所致力的事业表示同情，他的朋友们正在竭尽全力推进日中的共同利益，很是欣慰。

这里的气候不好，我们将于三十一日离此赴北京。希望易地疗养会对孙博士有利。他最近得肝病后亟需好好休息。他还不能坐起来，但是正在好转。

祝您和您的弟弟好！

孙 罗莎蒙德

一九二四年十二月二十九日

P.S. 请将附信转交 秋山先生

三、宫崎滔天与何树龄笔谈

何树龄（生卒年不详）

广东三水人。字易一。早年师从康有为。1896年奉康有为命自广东赴上海，任维新派上海强学会机关刊物《强学报》主笔，力言科举制度的积弊，主张设议院以通下情。后刊物被禁，返回广东。1897年任澳门《知新报》撰述，宣传变法图存，主张改良派。

宫崎滔天与何树龄笔谈残稿之一

释读

滔　天：曩者唐突拜趋，欠礼，请恕之。

何树龄：中国风俗，未进文明，非真乏财也，非真无地也，而财则挥霍于花天酒地，地则任其荒芜。于是宫室隘陋，街巷隘陋。人当暑天，则多裸体，士人亦然，相率成习，恬不为怪。虽有贤者，不能不堕污泥之中。曩者二位先生辱临，小弟自觉失礼之至，乞恕之。先生不介意？

滔　天：愚等于日本闻先生在澳门，往访知新报馆，知先生在公善堂。

何树龄：先生是看《知新报》而知小弟耶？抑别有中国人与先生言小弟耶？

滔　天：愚在日本，三日与陈白先生相会横滨，始闻先生之事。然以病，故不能上程。本月病渐愈，因上程。念三日到香港，经澳门来省城。

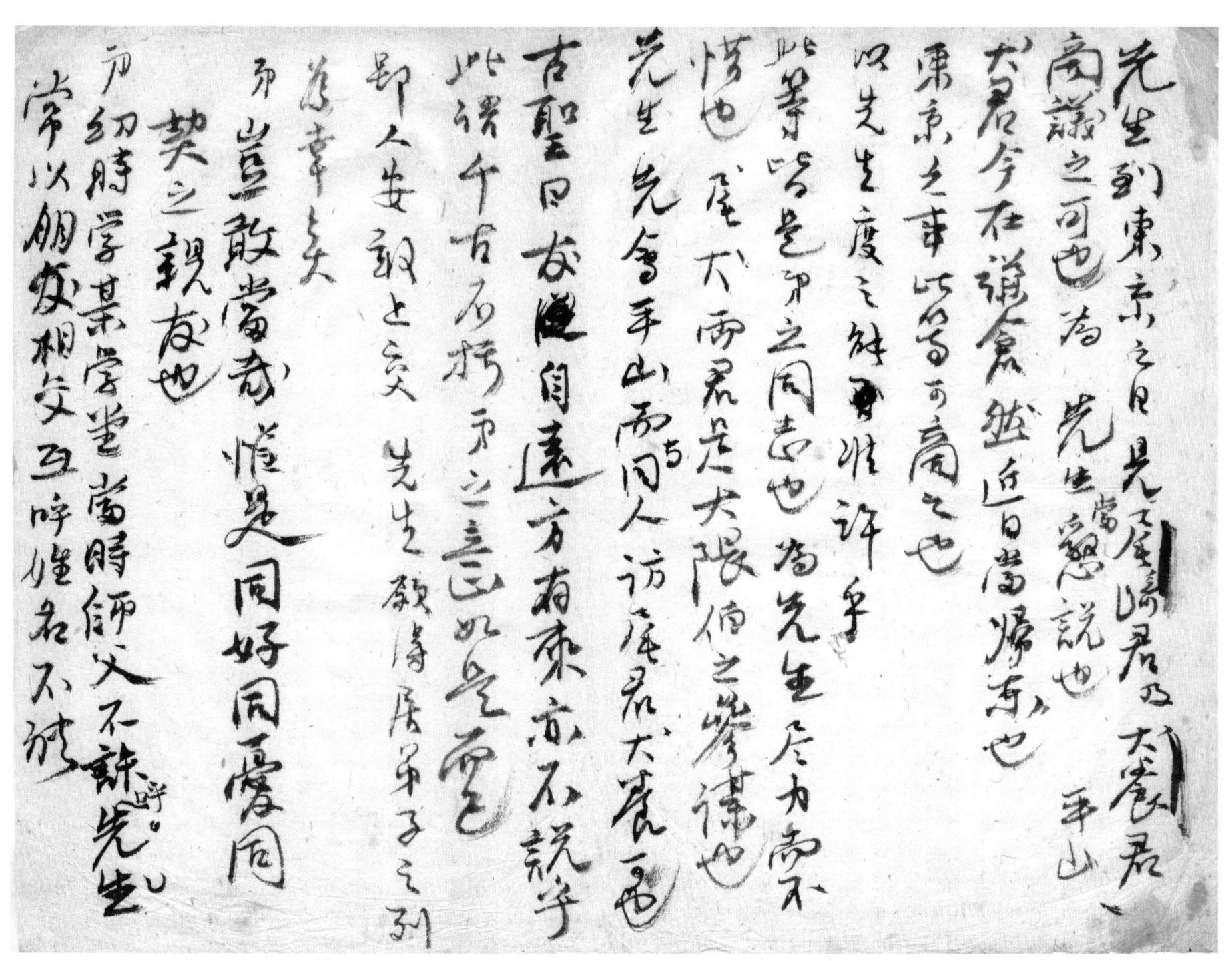

先生到東京之日見先尾崎君及大劉君
高議之可也 為先生當懇說也 平山
大君今在謙倉然近日當歸東
東京之事必告可高之也
四先生度之雖甲維許乎
此举必急卯之同志也為先生尽力尚不
惜也
此謂大雨君足大隈伯之參議也
先生先會乎山西間人訪尾君大展言西
古聖曰君逆自遠方有來京不説乎
此謂千百石折乎之言如是重
即人安即上交 先生教诗居弟子之列
蓬章矣
勿岂敢當奇 惜是同好同憂同
契之親友也
勿幼時学某学堂當時師父不誅先生
常以朋学某相交互呼姓名不然

释读

滔　　天：先生到东京之日，见尾崎君及犬养君商议之可也。为先生当恳说也。平山、犬君今在镰仓，然近日当归东也。
　　　　　东京之事，此等可商之也。
何树龄：以先生度之，能准许乎？
滔　　天：此等皆是弟之同志也，为先生尽力而不惜也。尾、犬两君是大隈伯之参谋也。先生先会平山，而与同人访尾君、犬养可也。
　　　　　古圣曰："友自远方有来，亦不说乎！"此语千古不朽。弟之意如是而已。
何树龄：鄙人安敢上交先生，愿得居弟子之列为幸矣。
滔　　天：弟岂敢当哉？惟是同好同忧同契之亲友也。
　　　　　弟幼时学某学堂，当时师父不许呼"先生"，常以朋友相交，互呼姓名。不能。

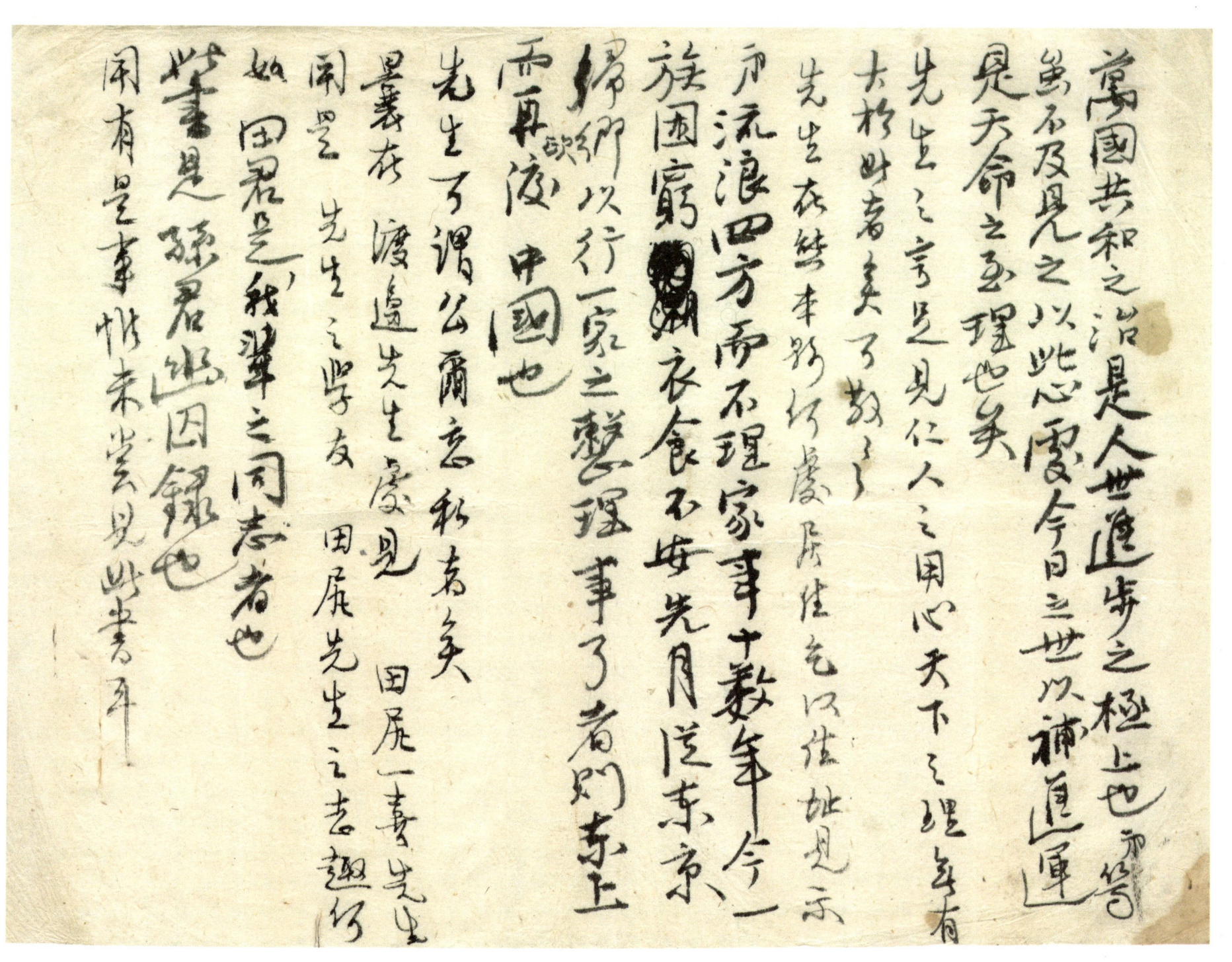

宫崎滔天与何树龄笔谈残稿之三

释读

滔　天：万国共和之治，是人世进步之极上也。弟等虽不及见之，以此心处今日之世，以补进运，是天命之至理也矣。

何树龄：先生之言，足见仁人之用心。天下之理无有大于此者矣。可敬，可敬。

何树龄：先生在熊本县何处居住？乞以住址见示。

滔　天：弟流浪四方，而不理家事十数年。今一族困穷，衣食不安。先月从东京归乡，以行一家之整理。事了者则东上，而再欲渡中国也。

何树龄：先生可谓公尔〔而〕忘私者矣。
曩在渡边先生处见田尻一喜先生，闻是先生之学友。田尻先生之志趣何如？

滔　天：田君是我辈之同志者也。

滔　天：此书是孙君《幽囚录》也。

何树龄：闻有是事，惟未尝见此书耳。

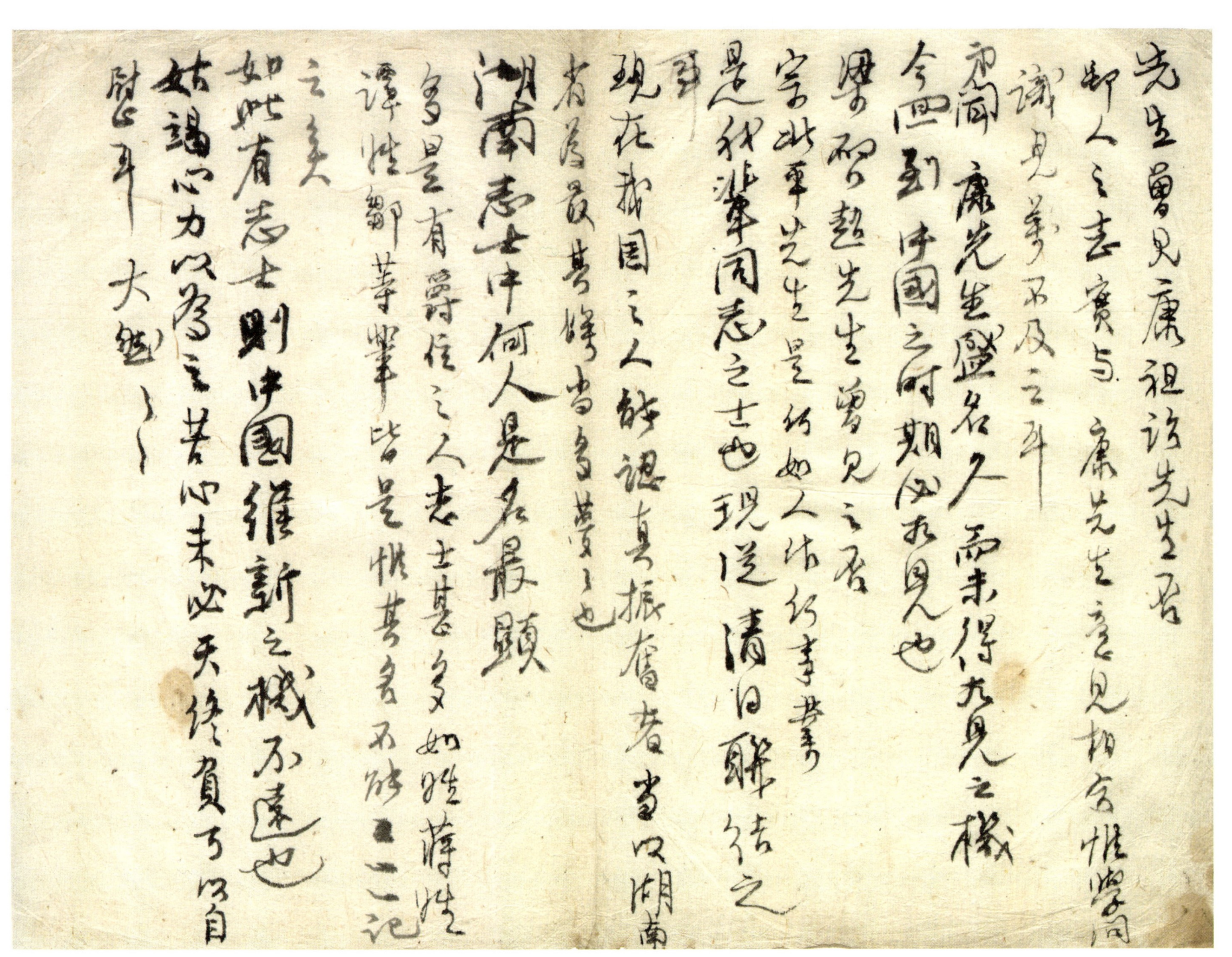

宫崎滔天与何树龄笔谈残稿之四

释读

滔　　天：先生曾见康祖诒先生否？

何树龄：鄙人之志实与康先生意见相合，惟学问识见万不及之耳。

滔　　天：弟闻康先生盛名久，而未得求见之机。今回到中国之时，期必求见也。

何树龄：梁启超先生曾见之否？

　　　　　宗北平先生是何如人？作何事业？

滔　　天：是我辈同志之士也，现从清、日联结之事。

何树龄：现在我国之人能认真振奋者，当以湖南省为最。其余当多梦之也。

滔　　天：湖南志士中，何人是名最显？

何树龄：多是有爵位之人。志士甚多，如姓蒋、姓谭、姓邹等辈皆是。惟其名不能一一记之矣。

滔　　天：如此有志士，则中国维新之机不远也。

何树龄：姑竭心力以为之。苦心未必天终负，可以自慰耳。

滔　　天：大然，大然。

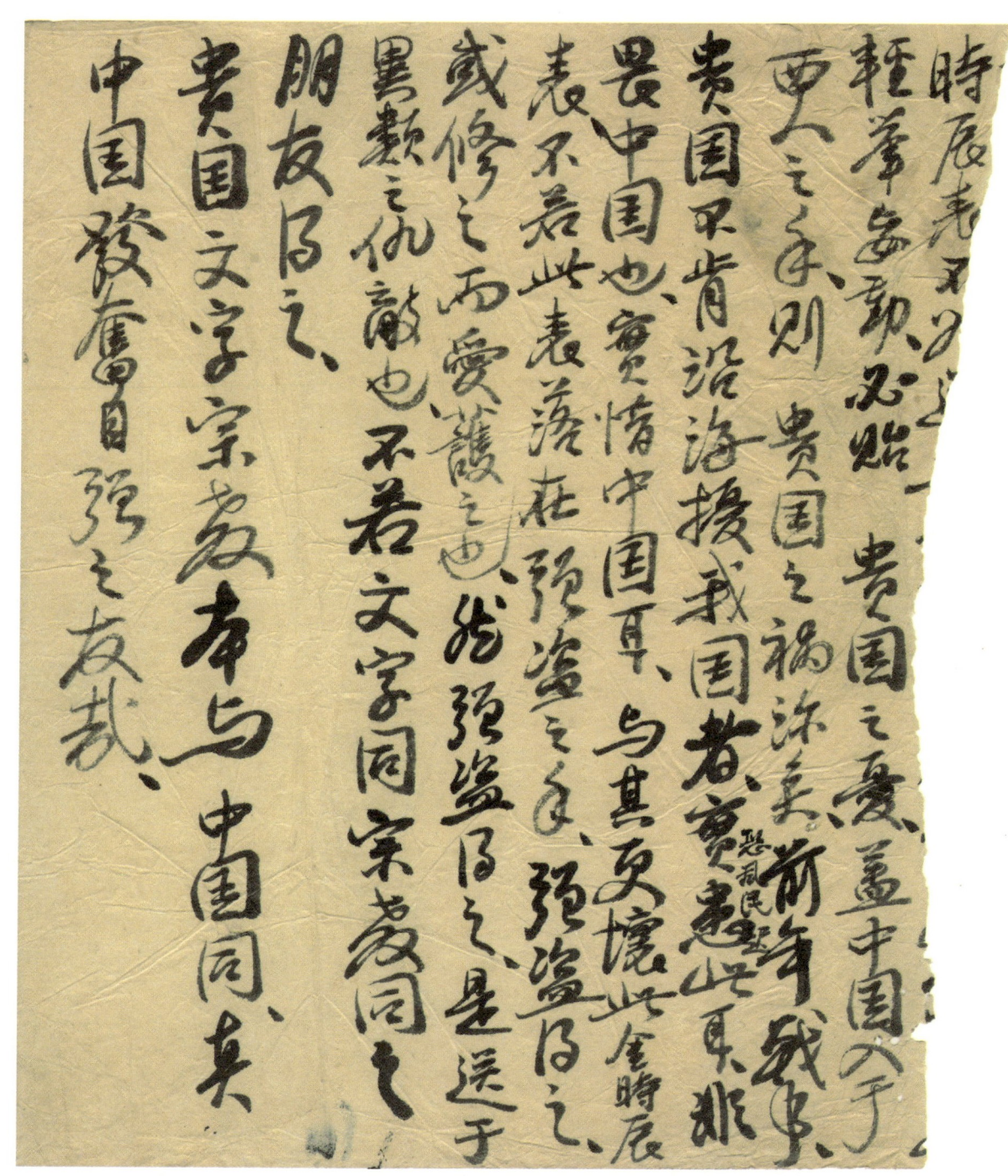

宫崎滔天与何树龄笔谈残稿之五

释读

何树龄：时辰表不（后有缺字）

　　轻举妄动必贻贵国之忧。盖中国入于西人之手，则贵国之祸弥矣。前年战事，贵国不肯沿海扰我国者，实恐乱民起，患此耳。非畏中国也，实惜中国耳。与其更坏此金时辰表，不若此表落在强盗之手。强盗得之，或修之而爱护之也。然强盗得之，是送于异类之仇敌也。不若文字同、宗教同之朋友得之。

　　贵国文字、宗教本与中国同，真中国发奋自强之友哉！

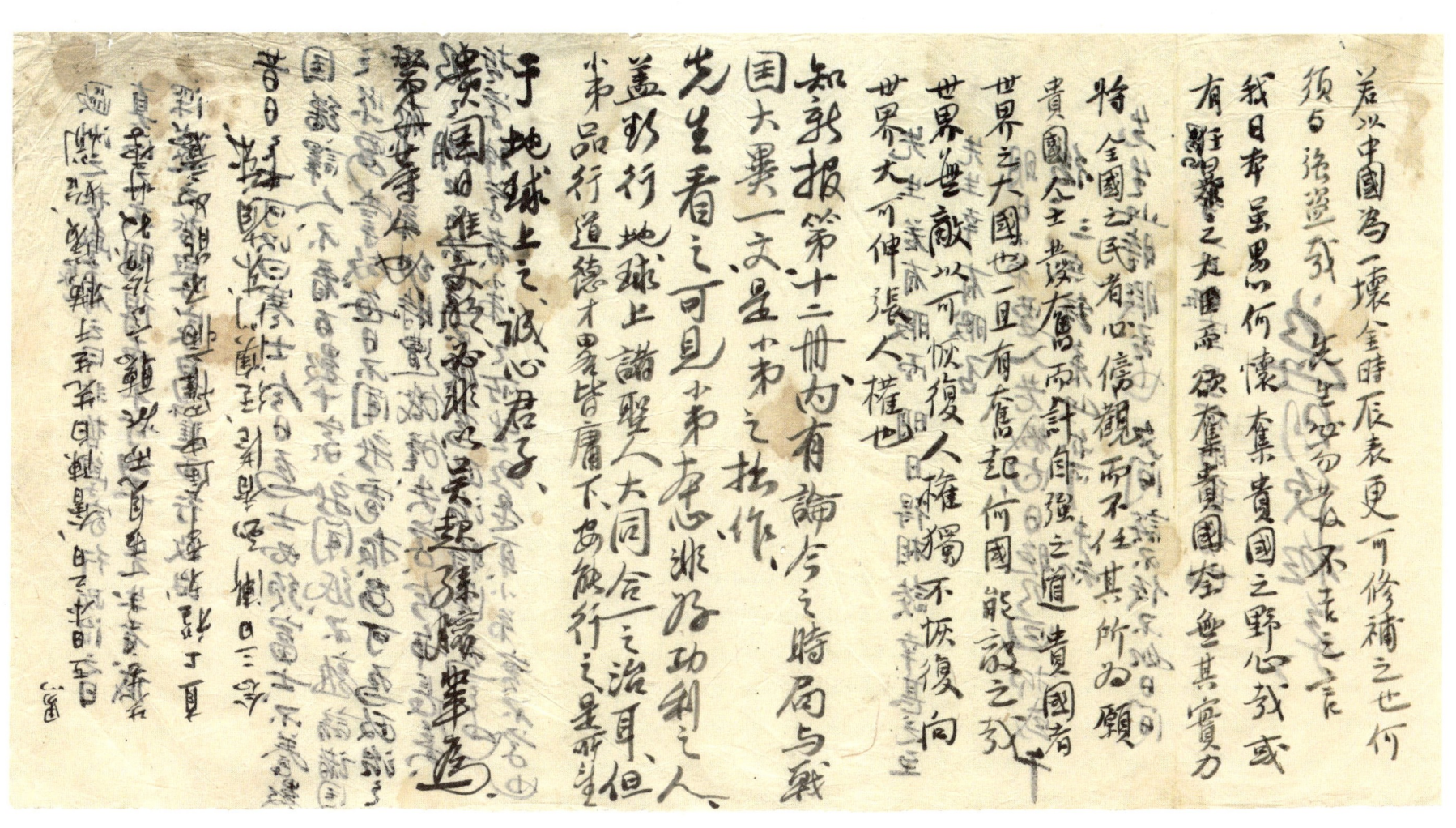

宫崎滔天与何树龄笔谈残稿之六

释读

滔　天：若以中国为一坏金时辰表，更可修补之也，何须与强盗哉？先生必勿发不吉之言。我日本虽愚，何怀夺贵国之野心哉？或有狂暴之大臣而欲夺 贵国，奈无其实力。将全国之民者，必傍睹而不任 其所为。愿贵国人士发奋而计自强之道。贵国者，世界之大国也。一旦有奋起，何国能敌之哉？

世界无敌，以可恢复人权；独不恢复，向世界大可伸张人权也。

何树龄：《知新报》第十二册内有《论今之时局与战国大异》一文，是小弟之拙作。先生看之，可见小弟本心非好功利之人，盖欲行地球上诸圣人大同 合一之治耳。但小弟品行、道德、才略皆庸下，安能行之？是所望于地球上之诚心君子。

贵国日进文明，必非以吴起、孙膑辈为第一等人也。

滔　天：愚在日本之日，会陈白先生于横滨，始闻先生之事。一求见而欲听高论，收行李直上程。不幸途中罹病，不能如意。念三日渐到香港，经澳门来省城。

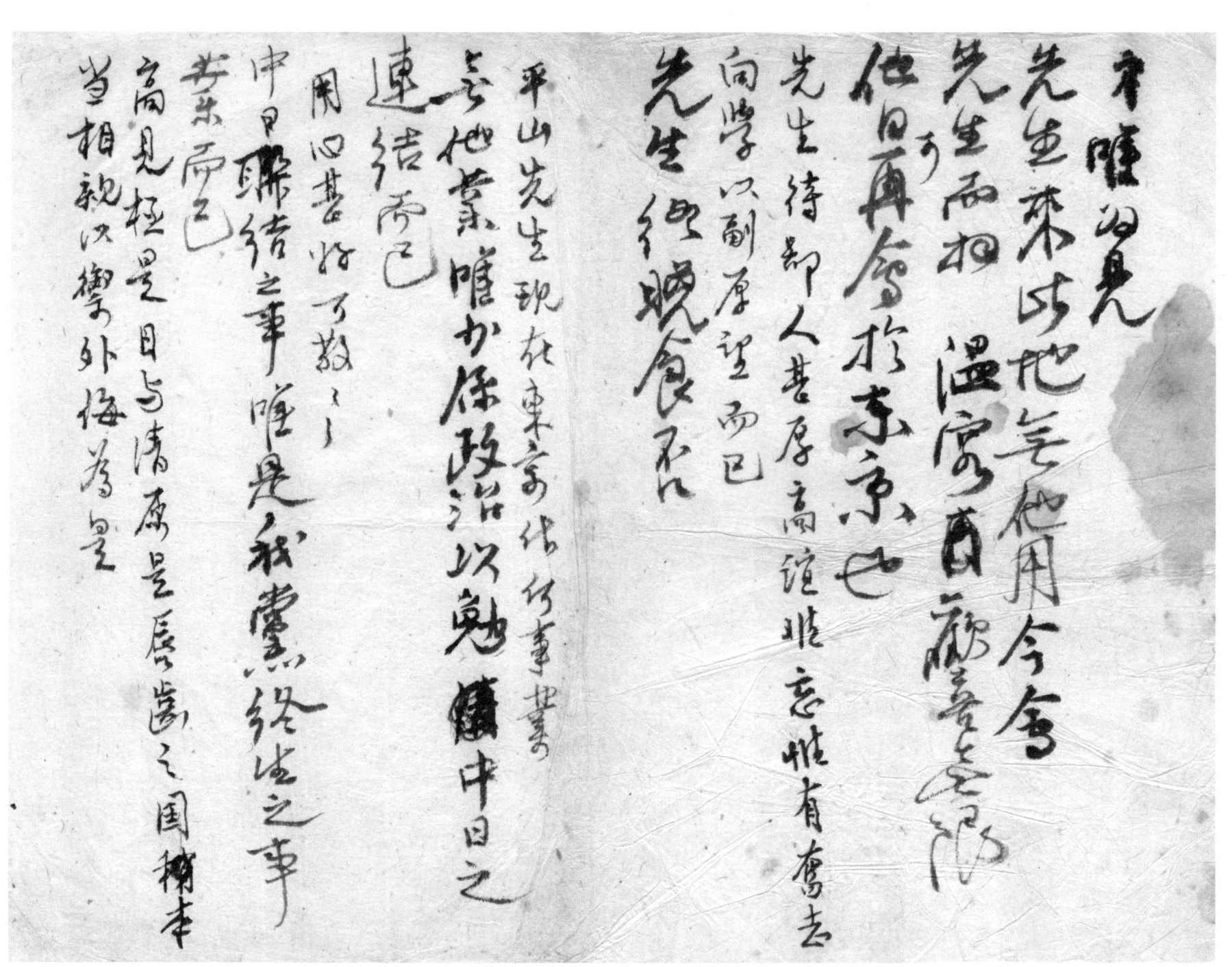

宫崎滔天与何树龄笔谈残稿之七

释读

滔　天：弟唯为见先生来此地，无他用。今会先生而相温容，欢喜无限。他日可再会于东京也。

何树龄：先生待鄙人甚厚，高谊难忘。惟有奋志向学，以副厚望而已。

滔　天：先生终晚食否？

何树龄：平山先生现在东京作何事业？

滔　天：无他业。唯少系政治，以勉中日之连结而已。

何树龄：用心甚好。可敬，可敬。

滔　天：中日联结之事，唯是我党终生之事业而已。

何树龄：高见极是。日与清原是唇齿之国，本当相亲以御外侮为是。

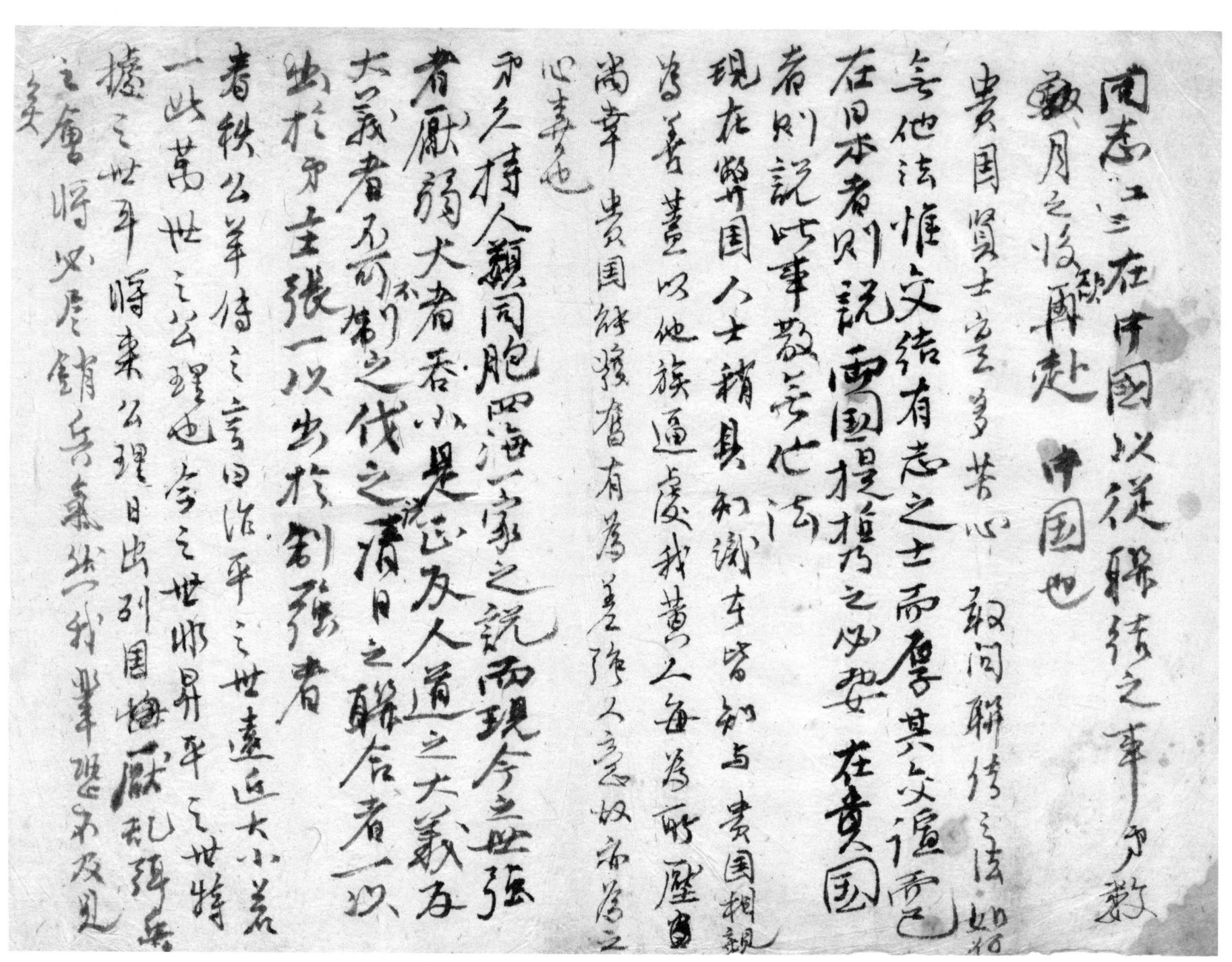

宫崎滔天与何树龄笔谈残稿之八

释读

滔　天：同志二三在中国以从联结之事。弟数月之后，欲再赴中国也。

何树龄：贵国贤士实多苦心。敢问联结之法如何？

滔　天：无他法，惟交结有志之士，而厚其交谊而已。在日本者，则说两国提携之必要；在贵国者，则说此事散〔尚〕无他法。

何树龄：现在弊〔敝〕国人士稍具知识者，皆知与贵国相亲为善。盖以他族逼处，我黄人每为所压。尚幸贵国能发奋有为，差强人意，故亦为之心喜也。

滔　天：弟久持人类同胞四海一家之说。而现今之世，强者厌弱，大者吞小，是正反人道之大义。反大义者，不可不制之、伐之。说清日之联合者，一以出于弟主张，一以出于制强者。

何树龄：《春秋·公羊传》之言曰："治平之世，远近大小若一。"此万世之公理也。今之世非升平之世，特据之世耳。将来公理日出，列国厌乱，弭兵之会将必尽销兵气。然我辈恐不及见矣。

先生之言、豈非所以諷貴國與敝國相提攜而大開亞洲之風氣、是鳥萃之所望也

歐洲之功利政事家、欺我亞細亞洲實甚、貪而且猥、雖学者亦善事之人、不當以軍兵為夏楚、貴國整軍経武如此豈夫

今日之政治家多以軍兵為夏楚之徒、然朝一兵夕増一兵到頭可歸何處、政治家誇武之日即人民泣貧苦之日也、然戴君主于頭上之間誠不得已宜改君主政治為民主政治

一国之人民、一千三中、有九百能讀書知公法明世變然後可為民主、現時亞細亞洲之国情、

貴国或可改為民主、若、貴國改民主則以無統一、法且歟、貴國民主在俄徳、何以鞭撻民賊也坐

貴国天皇存功成身退變宇宙為大學堂意忠、

貴国天皇能以此後此州飴年為法且歟、貴国天皇七十餘歲、古希亦見美、

貴国天皇既以此後州飴年為法且歟、貴國民主則以無統一、

貴国或可改為民主、若、貴國改民主則以無統一、

若得如此不能變宇宙為大、然是不可望也

歐洲法国風最喜樹立名義歐洲之日進文明者法国啟其端也、拿破倫第一再遭擒捉而名不衰、何為国人推許者成就義理也、惜其国俗太浮躁不静耳、貴国之俠士不能以華盛頓化其私以拿波倫作其気、義則横濱者乃地球上之巴黎也、

思乃锯最好樹立名義、貴國天皇將兼若義則横濱者乃地球上之巴黎也、

宮崎滔天与何樹齢筆談残稿之九

释读

滔　天：先生之言，虽非所□当，贵国与敝国相提携，而大开亚洲之风气，是愚等之所不堪切望也。

何树龄：欧洲之功利政事家，欺我亚细亚洲实甚，贪而且狼〔狠〕。虽学堂、善堂之人，亦当以军兵为夏楚。贵国整军经武，亦此意乎？

滔　天：今日之政治家，多以军兵为夏楚之徒。然朝增一兵，夕增一兵，到头可归何处？政治家夸武之日，即人民泣贫苦之日也。然戴君主于头上之间，诚不得已。宜改君主政治为民主政治。

何树龄：一国之人民，一千之中有九百余读书，知公法、明世变，然后可为民主。现时亚细亚洲之国，惟贵国或可改为民主耳。然民贼在，俄、德、法且欺。贵国改民主则事无统一，何以鞭挞民贼？切望贵国天皇，存功成身退、变宇宙为大学堂之心。贵国天皇能如此，则后此卅余年，即贵国天皇七十余岁，大学堂或可见矣。

滔　天：若得如此，不能变宇宙为大学堂，亦属一大美事。然是不可望也。

何树龄：欧洲，法国士风最喜树立名义，非如英国之惟利是视。欧洲之日进文明者，法国启其端也。拿波仑第一再遭擒捉而名不衰，仍为国人推许者，成就义理也。惜其国俗太浮躁不静耳。贵国之侠士不畏刀锯，最好树立名义。贵国天皇将来若能以华盛顿化其私，以拿波仑作其气、立其义，则横滨者乃地球上之巴黎士也。

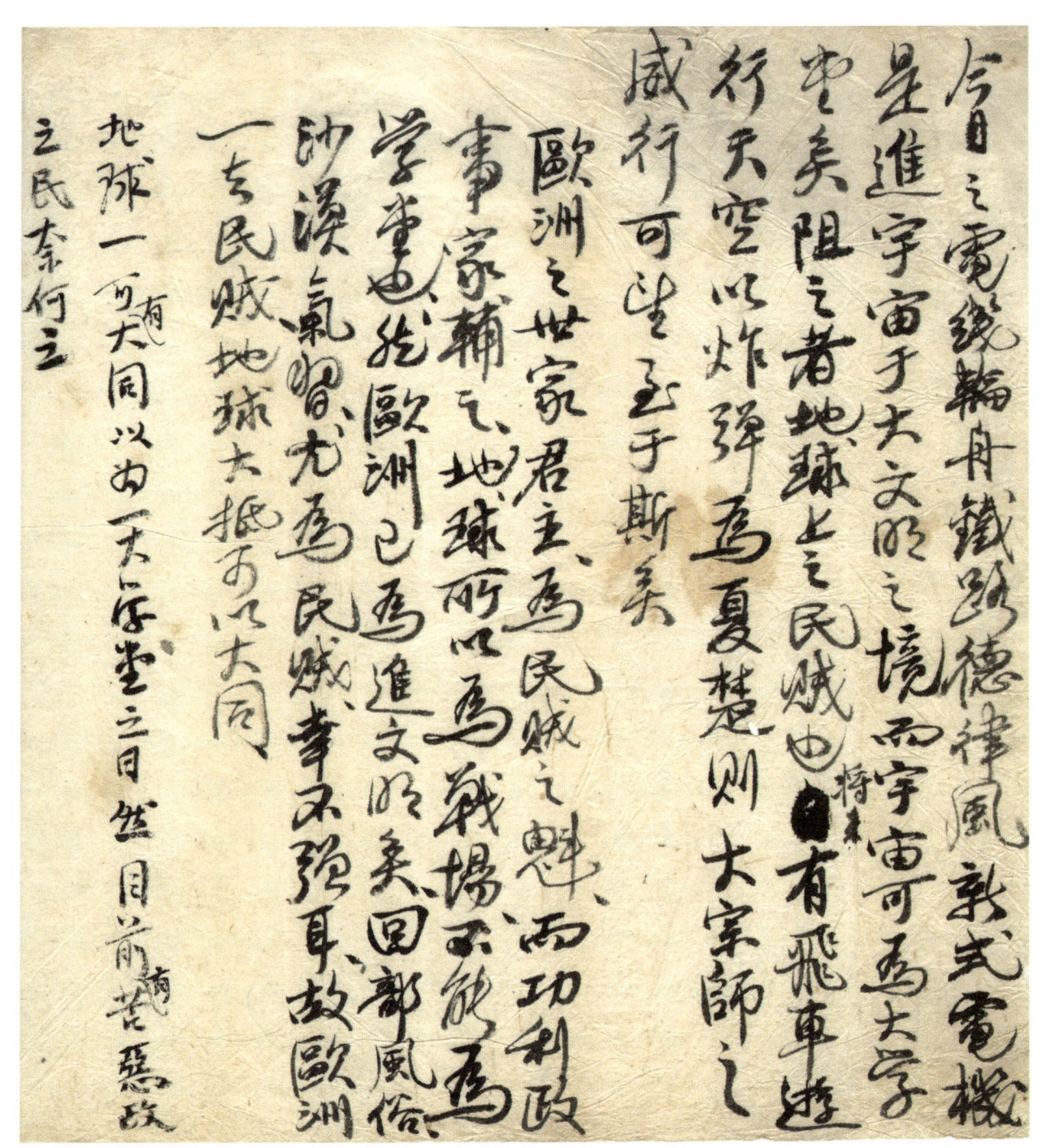

宫崎滔天与何树龄笔谈残稿之十

释读

何树龄：今日之电线、轮舟、铁路、德律风、新式电机，是进宇宙于大文明之境，而宇宙可为大学堂矣。阻之者，地球上之民贼也。将来有飞车游行天空，以炸弹为夏楚，则大宗师之威行可望至于斯矣。

何树龄：欧洲之世家君主为民贼之魁，而功利政事家辅之。地球所以为战场，不能为学堂也。然欧洲已为进文明矣。回部风俗，沙漠气习，尤为民贼，幸不强耳。故欧洲一去民贼，地球大抵可以大同。

滔　天：地球一可有大同，以为一大学堂之日。然目前有苦恶政之民，奈何之？

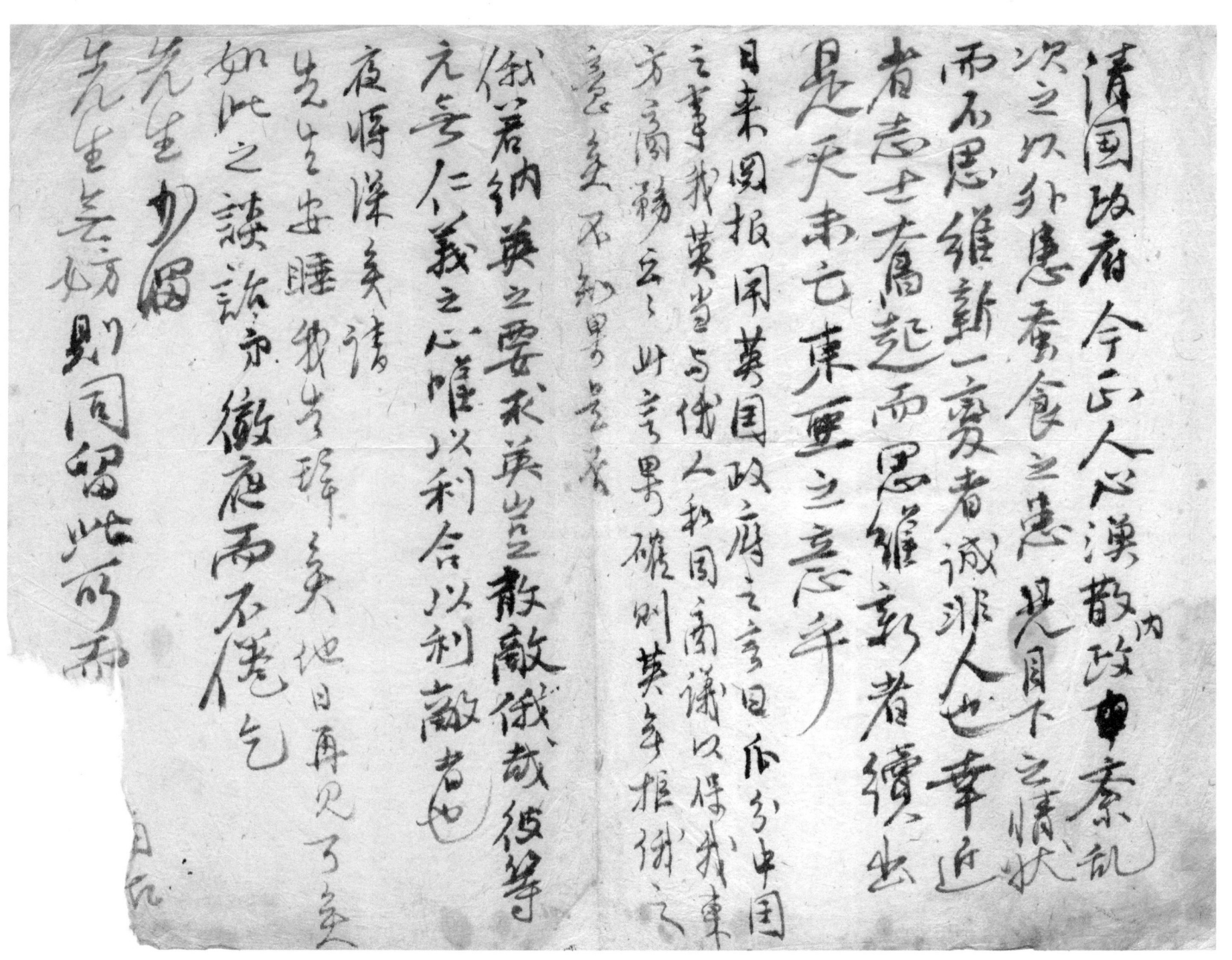

宫崎滔天与何树龄笔谈残稿之十一

释读

滔　天：清国政府今正人心涣散，内政紊乱，次之以外患蚕食之患。见目下之情状而不思维新一变者，诚非人也。幸近者志士奋起，而思维新者续出，是天未亡东亚之意乎！

何树龄：日来阅报，闻英国政府之言曰："瓜分中国之事，我英当与俄人和同商议，以保我东方商务"云云。此言果确，则英无拒俄之意矣。不知果是否？

滔　天：俄若纳英之要求，英岂敢敌俄哉？彼等元无仁义之心，唯以利合、以利敌者也。

何树龄：夜将深矣，请先生安睡。我告辞矣，他日再见可矣。

滔　天：如此之谈话，弟彻夜而不倦，乞先生少留。先生无妨则同留此所。而（后有缺字）

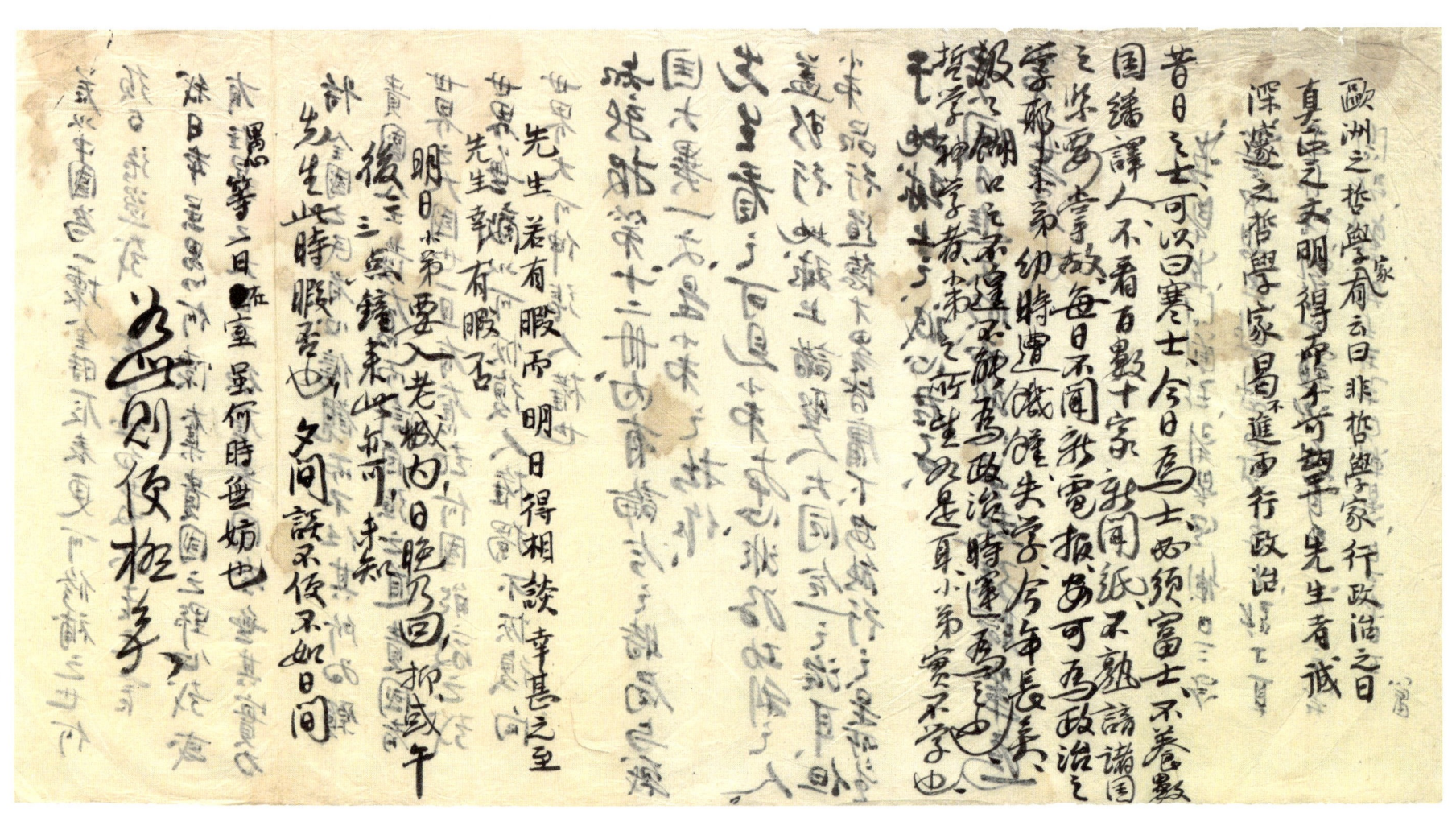

宫崎滔天与何树龄笔谈残稿之十二

释读

滔　天：欧洲之哲学家有云曰："非哲学家行政治之日，真正之文明得而不可望。"先生者，诚深邃之哲学家，曷不进而行政治？

何树龄：昔日之士，可以曰寒士；今日为士，必须富士。不养数国翻译人，不看百数十家新闻纸，不熟谙诸国之紧要掌故，每日不闻新电报，安可为政治之学耶？小弟幼时遭饥馑、失学。今年长矣，汲汲糊口之不遑。不能为政治，时运为之也。哲学、神学者，小弟之所望如是耳。小弟实不学也。

滔　天：先生若有暇，而明日得相谈，幸甚之至。先生幸有暇否？

何树龄：明日小弟要入老城内，日晚乃回。抑或午后二三点钟来此亦可。未知先生此时暇否也？夕间谈不便，不如日间。

滔　天：愚等一日在室，虽何时无妨也。

何树龄：如此则便极矣。

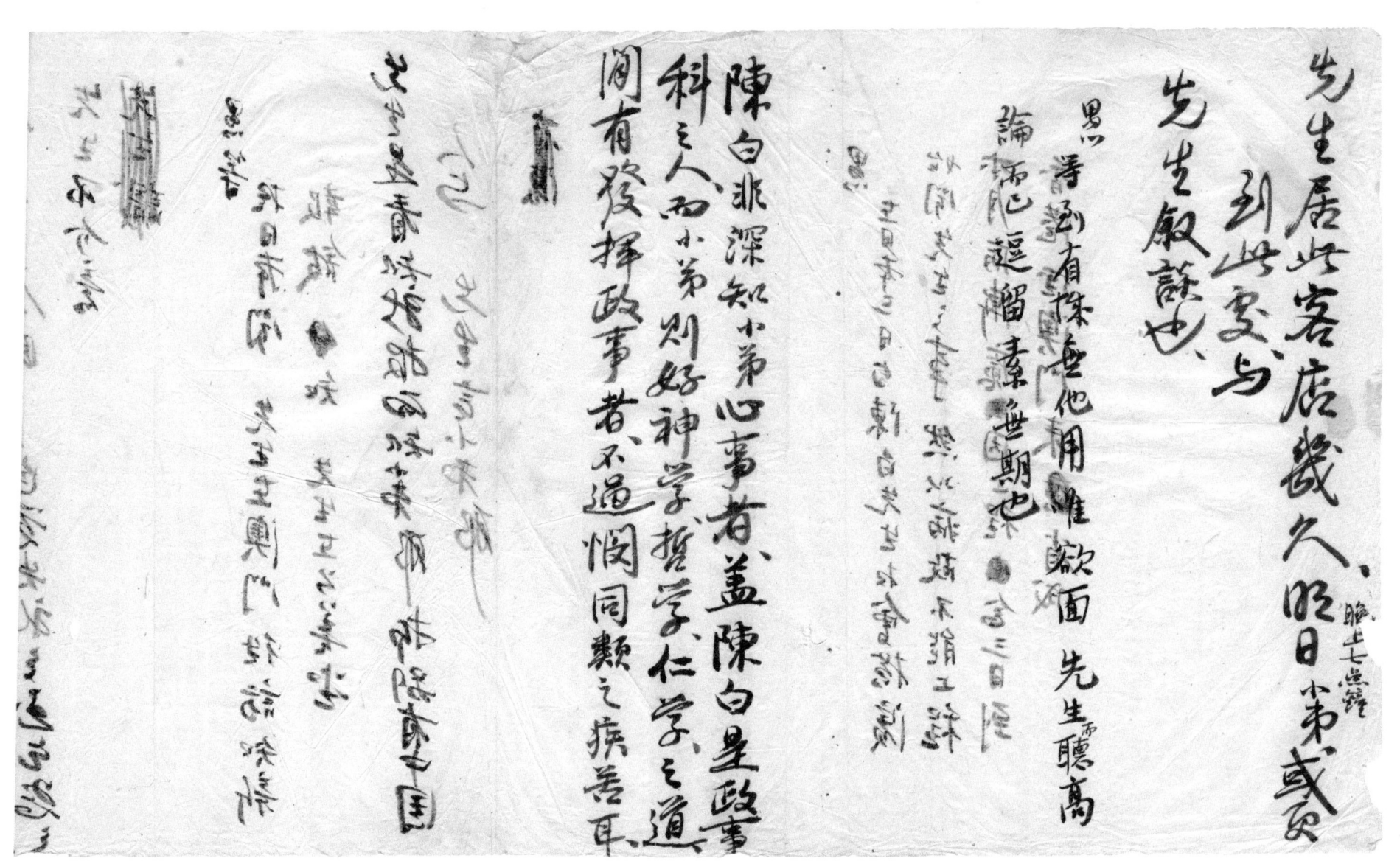

宫崎滔天与何树龄笔谈残稿之十三

释读

何树龄：先生居此客店几久？明日晚上七点钟，小弟或更到此处，与先生叙谈也。

滔　天：愚等到省城无他用，唯欲面先生而听高论而已。逗留素无期也。

何树龄：陈白非深知小弟心事者。盖陈白是政事科之人，而小弟则好神学、哲学、仁学之道。间有发挥政事者，不过悯同类之疾苦耳。

真正之政治者必出哲理 故非政治之難
政治之本源推理得之真難也 愚等
深感先生潜心于哲理 小弟遇昧不敢當也
先生以誠實相与 不必有忌言

愚等不暗貴國文 亦支離滅裂 難解之
諭不堪慚愧 先生謙耳諮訪為美

請暫留

愚等猶有欲請教者 先生若有暇
先生厚意謹留半點鐘敬諭
息 天下之兵 泯天下之怨 此下數句 至以宇宙当一大學堂
恩等之確信亦在茲 唯不知所以使至于斯之道
如何 願教之

明夕再来談

释读

滔　天：真正之政治者必出哲理，故非政治之难。政治之本源，哲理得之真难也。愚等深感先生潜心于哲理。

何树龄：小弟愚昧，不敢当此。先生以诚实相与，不必有誉言。

滔　天：愚等不谙贵国语，文亦支离灭裂，难解之。诚不堪惭愧。

何树龄：先生谦耳，谙许多矣。

滔　天：愚等犹有所欲请教者。先生若有暇，请暂留。

何树龄：承先生厚意，谨留半点钟叙谈足矣。

滔　天：息天下之兵，泯天下之忌，以下数句至以宇宙为一大学堂。愚等之确信亦在兹，唯不知所以使至于斯之道。如何？愿教之。

何树龄：明夕再来谈。

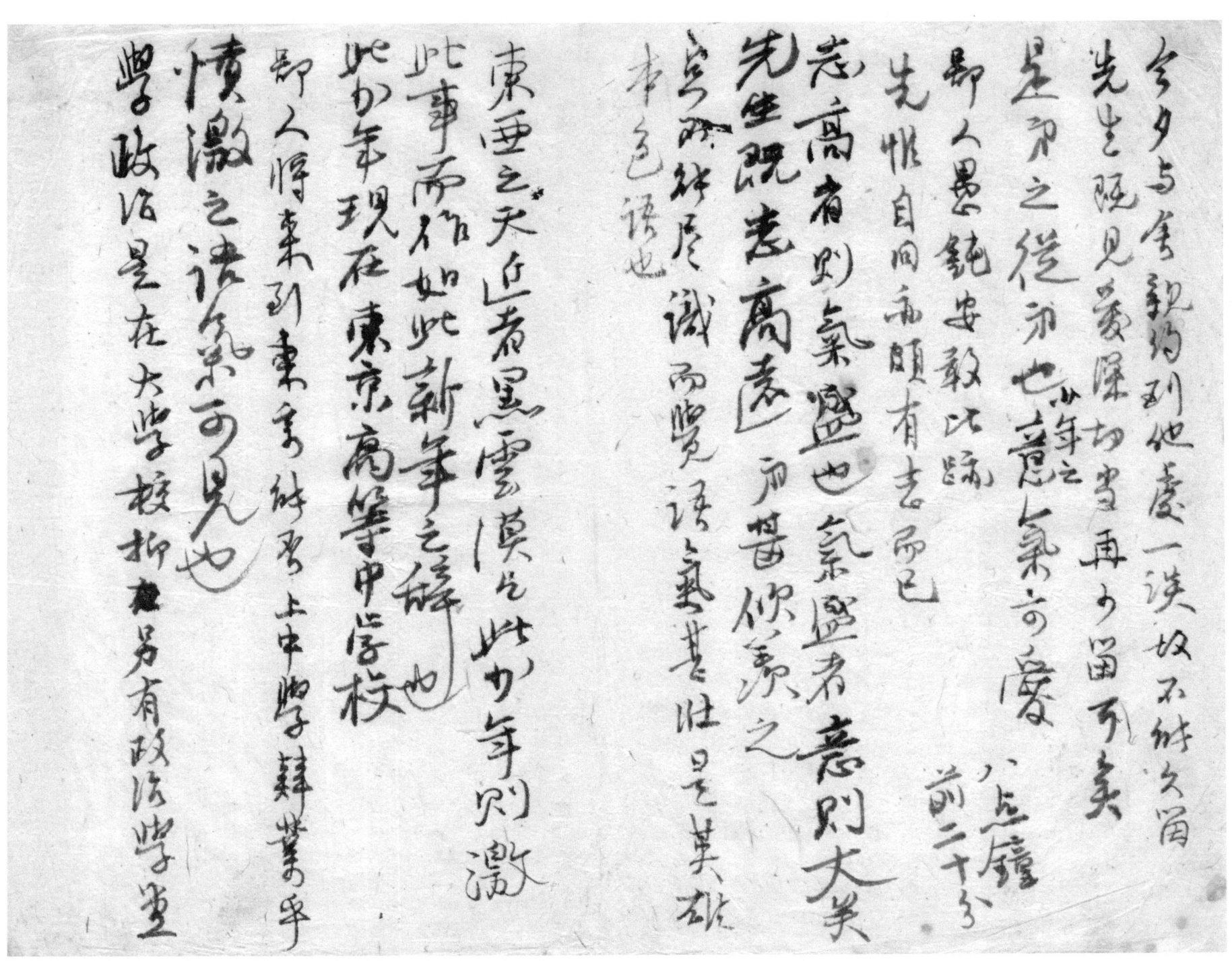

宫崎滔天与何树龄笔谈残稿之十五

释读

何树龄：今夕与舍亲约到他处一谈，故不能久留。
滔　天：先生既见爱深切，当再少留。
何树龄：可矣。八点钟前二十分。
滔　天：是弟之从弟也。少年之意气可爱。
何树龄：鄙人愚钝，安敢比迹。先惟自问，亦颇有志而已。
滔　天：志高者则气盛也，气盛者意则大矣。先生既志高远，弟甚倾羡之。
何树龄：虽不能尽识，而觉语气甚壮，是英雄本色语也。
滔　天：东亚之天，近者黑云漠漠。此少年则激此事而作如此新年之辞也。此少年现在东京高等中学校。
何树龄：鄙人将来到东京，能否上中学肄业乎？
滔　天：愤激之语气可见也。
何树龄：学政治是在大学校，抑另有政治学堂？

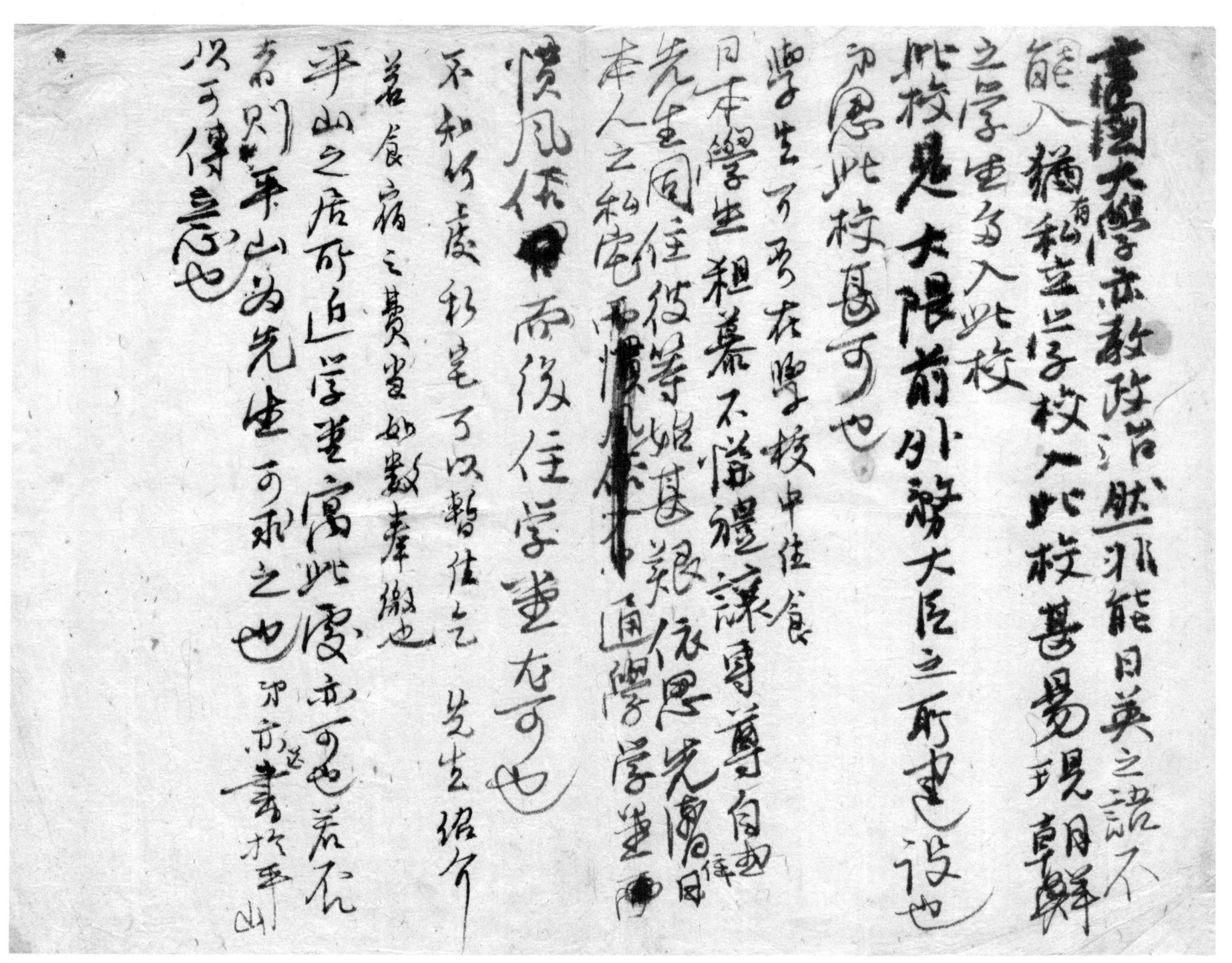

高等大學亦教政治然非能日英之語不
能入猶有私立之學校入此校甚易現朝鮮
之學生多入此校
此校是大限前外務大臣之所建設
也愿此校甚可也
學生可乎在學校中住食
日本學生粗慕不惜禮讓尊自由
先生同住役等姑甚艱後思先會日
本人之私宅而慣慣之通學學生
而後住學生左可也
不知何處彩筆可以暫住之 先生紹介
若食宿之貴當如數奉繳也
平山之店所近遊學堂寫此處亦可也若不
若閉平山為先生可永之也
以了傳意也 亦書於平山

宫崎滔天与何树龄笔谈残稿之十六

释读

滔　　天：帝国大学亦教政治，然非能日、英之语不能入。犹有私立学校。入此校甚易，现朝鲜之学生多入此校。此校是大隈前外务大臣之所建设也。弟思此校甚可也。

何树龄：学生可否在学校中住、食？

滔　　天：日本学生粗暴，不慊礼让，专尊自由。先生同住彼等，始甚艰。依思先潜住日本人之私宅，通学学堂惯风俗，而后住学堂尤可也。

何树龄：不知何处私宅可以暂住？乞先生绍介。若食宿之费，当如数奉缴也。

滔　　天：平山之居所近学堂，寓此处亦可也。若否者，则平山为先生可求之也。弟亦必书于平山，以可传意也。

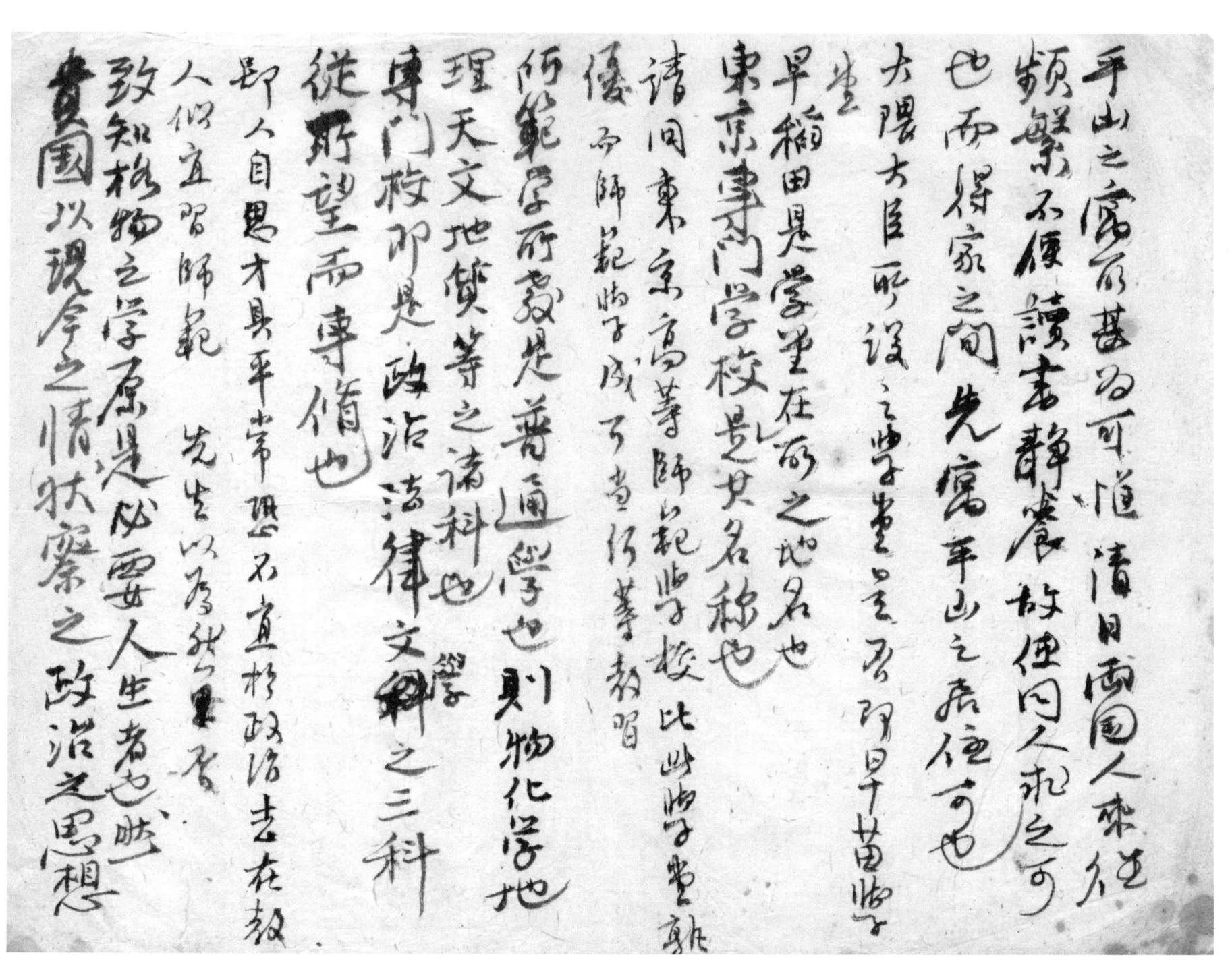

宫崎滔天与何树龄笔谈残稿之十七

释读

滔　天：平山之寓所甚为可。惟清、日两国人来往频繁，不便读书静养。故使同人求之可也。而得家之间〔前〕，先寓平山之居住可也。

何树龄：大隈大臣所设之学堂，是否即早苗学堂？

滔　天：早稻田是学堂所在之地名也。"东京专门学校"是其名称也。

何树龄：请问东京高等师范学校比此学堂孰优？而师范学成，可当何等教习？

滔　天：师范学所教是普通学也，则物〈理〉、化学、地理、天文、地质等之诸科也。专门校即是政治、法律、文学之三科，从所望而专修也。

何树龄：鄙人自思才具平常，恐不宜于政治。志在教人，似宜习师范。先生以为然否？

滔　天：致知格物之学原是必要，人生者也。然贵国以现今之情状察之，政治之思想（续下页）

弟見吾輩維新一黨之機有眼前當此時頗普教政治之學使人養政治之智識殊非必要予●朝鮮事國而催白人而為政治之顧問是亦然天下之大速送是尚所先生愚見如是先生見教之但新人自度材質毀有不宜故以為同年先生以為如何先生見教程是但新人自度材質毀有不宜故以為同年新公之去今中國之弱排本窮源由於人心之浅薄游正人忘當先端童蒙之習尚則諧生之知識故卿立教不可乃欲設學當以倡教化然中國六藝之學為在近代學之性當詞章記誦之學即使諸及修身無振説空理亦不及處陽之诮他日可咸有用之各種學問方覺空疏之诮他日可咸有用之才此新人所以棄學之志也甚可也空理空論但竟無動世道人心也

官崎滔天与何树龄笔谈残稿之十八

释读

（接上页）

滔　天：殊见必要。况维新一变之机有〔在〕眼前。当此时，预普教政治之学，使人养政治之智识，殊非必要乎？朝鲜建国而雇白人而为政治之顾问，暹罗亦然。天下之大患从是而生。愚见如是，先生以为如何？

何树龄：先生见教极是。但鄙人自度材质恐有不宜，故以为问耳。

鄙人之志，念中国之弱，推本穷源，实由于人心之浇薄。欲正人心当先端童蒙之习尚，开后生之知识，故非立教不可，乃欲设学堂以倡教化。然中国六艺之学无存，近代学人惟尚词章记诵之学。即使语及修身，亦只说空理而不及实际。故倡教，当兼及各种学问，方免空疏之诮，他日可成有用之才。此鄙人所以来学之志也。

滔　天：甚可也。

空理空论，必〔毕〕竟无效世道人心也。